AF278203

Patrizia Vitelli (Arrasate, 1990) empezó a cocinar mientras estudiaba Derecho en Bilbao. Es fundadora de Bilbao Food Tours, una empresa que organiza rutas de pintxos para turistas. Desde 2022 presenta el programa de cocina *Txoriene* en EITB. Vive en la costa vizcaína y comparte su pasión por los platos de cuchara tanto en redes sociales como en televisión. Su cuenta de Instagram @foodiario, donde publica numerosas cremas y recetas reconfortantes, acumula casi 200.000 seguidores.

Cremas

PATRIZIA VITELLI

Cremas

Recetas de cuchara para todas las estaciones

Ilustraciones de Laura Alejo

DEBATE

Papel certificado por el Forest Stewardship Council®

FSC
www.fsc.org

MIXTO
Papel | Apoyando la
silvicultura responsable
FSC® C117695

Penguin
Random House
Grupo Editorial

Primera edición: noviembre de 2025
Primera reimpresión: enero de 2026

© 2025, Patrizia Vitelli
© 2025, Penguin Random House Grupo Editorial, S. A. U.
Travessera de Gràcia, 47-49. 08021 Barcelona
Diseño: Penguin Random House Grupo Editorial / Nora Grosse
© 2025, Laura Alejo, por las ilustraciones

Penguin Random House Grupo Editorial apoya la protección de la propiedad intelectual. La propiedad
intelectual estimula la creatividad, defiende la diversidad en el ámbito de las ideas y el conocimiento,
promueve la libre expresión y favorece una cultura viva. Gracias por comprar una edición autorizada de
este libro y por respetar las leyes de propiedad intelectual al no reproducir ni distribuir ninguna parte
de esta obra por ningún medio sin permiso. Al hacerlo está respaldando a los autores y permitiendo que
PRHGE continúe publicando libros para todos los lectores. Ninguna parte de este libro puede ser utilizada
o reproducida con el propósito de entrenar tecnologías o sistemas de inteligencia artificial. PRHGE se reserva
expresamente la reproducción, la extracción y el uso de esta obra y de cualquiera de sus elementos para fines
de minería de textos y datos y el uso a medios de lectura mecánica u otros medios que resulten adecuados
(art. 67.3 del Real Decreto Ley 24/2021). Diríjase a CEDRO (Centro Español de Derechos Reprográficos,
http://www.cedro.org) si necesita reproducir algún fragmento de esta obra.
En caso de necesidad, contacte con: seguridadproductos@penguinrandomhouse.com

Printed in Spain – Impreso en España

ISBN: 978-84-10433-96-0
Depósito Legal: B-17.261-2025

Compuesto en Comptex & Ass.

Impreso en Gómez Aparicio, S. L.
Casarrubuelos (Madrid)

C 4 3 3 9 6 0

Índice

A esta nueva etapa que empieza
al calor del fuego lento
y a la promesa de una vida
que se abre paso

Introducción

En algún sitio leí que la cocina está directamente rela-
cionada con el recuerdo: que los sabores que nos acompañan durante la infancia son los que después, cuando
nos hacemos mayores, sirven para construir nuestra
memoria afectiva y nos llevan de vuelta a ese lugar feliz
que es el hogar.

En mi casa, en un pueblito de la Gipuzkoa profunda, siempre fuimos de cuchara. Tardaría años en entender que cocinar una crema de calabaza un jueves de
octubre no es una decisión baladí. Que detrás de un
plato calentito en la mesa hay mucho tiempo invertido
en pensar el menú, ir a la compra, cocinar, reunir y

servir. Las cremas, para mis padres, eran una manera sana, económica, fácil y nutritiva de alimentar a una familia de cuatro.

Y aquí estoy yo, algunos años más tarde, escribiendo un libro que recoja todas esas recetas que aprendí primero en casa y después fuera. Recetas básicas, que luego tuneé, sacadas de un libro, o de un plato que probé con mis amigas durante un viaje, o de internet, o de mi frutera Melani, y otras que me he inventado siguiendo la intuición de cocinera que he heredado de mis abuelas.

Porque ¿qué convierte a alguien en cocinero?

Nunca he tenido del todo clara la respuesta. Para algunos, el título se obtiene con un diploma, años de experiencia en una cocina profesional y un sueldo que provenga, directamente, de los fogones. Y no lo discuto, esa es, por supuesto, una manera legítima de serlo. Pero, en mi caso —y en el de muchas otras personas—, la cocina no empezó en una escuela, sino en casa.

Mi *amama* Juani cocinaba cada día sin cuestionarse si aquello era un arte, un oficio o una carga. Mi madre, con menos tiempo pero idénticos gestos, sabía improvisar una comida decente con apenas tres ingredientes. Y yo, sin saberlo, seguí sus pasos. Durante años hice lo mismo que ellas: ir al mercado, cocinar, alimentar, cuidar y fregar después. La única diferencia es que un día decidí contarlo. Primero, en un blog; luego, en redes sociales; más tarde, en la televisión... y, ahora, en este libro.

Me llamo Patrizia Vitelli y cocino mucho. Siempre me ha costado reconocerme como cocinera. Lo digo con la boca pequeña, casi con pudor, porque no trabajo entre comandas ni hornos industriales, sino en mi casa, escribiendo, grabando, comunicando... Haciendo, al fin y al cabo, una apología cotidiana del acto de cocinar, dándole valor a lo doméstico, a lo invisible, a lo que siempre ha estado ahí, pero pocas veces se ha celebrado. No me siento más cocinera que las mujeres que me precedieron, ellas no necesitaban etiquetas ni reconocimiento, simplemente tengo más escaparates.

Admito que no aprendí a cocinar hasta la mayoría de edad. En casa, de eso se encargaban otras. Yo me limitaba a estudiar, poner la mesa, hacer mi cama y salir con mis amigas. Fue al mudarme a un piso de estudiantes cuando entendí que tenía tres opciones: traficar con tápers en un bus de provincias de vuelta a casa (mi madre no estaba por la labor), vivir a base de pasta con pechuga de pollo... o aprender a guisar. Elegí la última. Y aunque no era un prodigio, el paladar siempre lo tuve fino (demasiado para mi cuenta bancaria). Así que, estudiante de gusto exigente, me vi obligada a remangarme. Y me enamoré del cocinar.

Abrí un blog y empecé a compartir recetas fáciles y económicas, entre ellas, una crema de calabaza con brie que aún hoy me sigue pareciendo un éxito. Años más tarde, en plena pandemia, todo se reactivó con una cuenta de Instagram. Poco después, el milagro: un programa diario en la televisión pública vasca. Mi propio espacio. El sueño americano versión Euskadi.

Tras este largo recorrido, cuando me senté a pensar en mi primer libro, lo tuve claro: tenía que ser de cremas. Porque las cremas han estado siempre. En casa, en el plato, en el recuerdo. Forman parte de mi recetario habitual, porque la cocina, al fin y al cabo, es una cuestión de costumbres. Las cremas fueron la manera que encontraron mis padres de alimentarnos bien: un plato completo, sano, económico y fácil de adaptar. Y lo siguen siendo.

Hoy están presentes en mi día a día. Las preparo para cenar entre semana, con un huevo cocido por encima para hacerlas más completas. O como primer plato cuando después viene algo de carne, pescado o arroz. Si tengo invitados, las sirvo en vasitos pequeños, como si mi salón fuera un restaurante de postín. Y, por supuesto, no faltan en el congelador, listas para salvar cualquier comida sin ideas.

Mis cremas comodín son la de calabaza, la de berenjena y el gazpacho de cerezas, pero me encanta explorar nuevas combinaciones. Porque si algo tienen las cremas es que se prestan al juego. Son versátiles, nutritivas, reconfortantes. Convierten un puñado de verduras en algo cálido, cremoso y sabroso. Y con un buen topping, hasta parecen de gala.

Este libro no pretende reinventar nada, sino recoger, reinterpretar y celebrar lo que ya está en nuestra memoria gustativa. Las cremas no son un plato menor: son una forma de cuidar, de improvisar, de conectar con el territorio, de adaptarse a la estacionalidad, a lo que tenemos a mano.

Y, sobre todo, son una forma de volver a casa cada vez que lo necesitamos.

Cremas calientes

Cuando empecé a imaginar este libro, no sabía bien cómo organizarlo. Pensé en hacerlo por ingredientes de temporada, por estaciones o por tipos de cremas (de verduras, de legumbres, con fruta, de toda la vida, exóticas...), pero no terminaba de convencerme. Al final, llegué a la conclusión de que tenía que ser más sencillo, más intuitivo. Porque cuando comes platos de cuchara hay dos opciones: o estás buscando algo calentito y reconfortante o te apetece una crema con frescor, que sepa a verano y a siesta con la ventana abierta.

Así, este capítulo es el de las cremas calientes. De las que huelen a cena sencilla, a comida de domingo o a primer plato en Navidad. Encontrarás algunas muy clásicas —como la dubarry, que parece de restaurante elegante, pero se hace con coliflor y cariño— y otras más creativas, como la de lentejas con especias o la de zanahoria con naranja, que alegra hasta el peor de los lunes. Las hay de aprovechamiento y de fondo de despensa. Las hay que te salvan cuando no sabes qué cocinar y las que preparas para impresionar un poco. Las que se sirven con picatostes recién hechos y las que piden una cucharada de yogur o unas virutas de jamón. Todas reconfortan. Todas abrigan. Y muchas, además, cuentan una historia. Porque la cocina nos va construyendo, y las costumbres definen nuestra identidad culinaria. En casa de mi marido, por ejemplo, no se estila tomar cremas de verduras (ni yogur de postre). Ellos son más de compartir una ensalada puesta en el centro de la mesa como entrante. Cuando empezamos a vivir juntos, sus costumbres y las mías se fueron mezclando sin darnos cuenta. Ahora, él me roba el yogur de cabra que suelo tomar cuando terminamos de comer y ha integrado que uno o dos días a la semana se toma puré; y yo, qué decir, ya no puedo vivir sin una ensalada compartida entre los dos.

Porque, al final, cocinar también es eso: repetir los gestos de quienes nos enseñaron y a la vez crear unos nuevos con quien compartes mesa y vida. Es una forma de resistir al frío, al cansancio, al ruido de fuera. Una manera de elegir, una y otra vez, cuidarse. Así que abre la nevera, mira qué ingredientes tienes por ahí y ponte a cortar, a sofreír, a cocer y a batir. Lo que viene ahora son cucharadas de calor. Calor del bueno.

Crema
de calabacín

Si hay una crema que está presente en todas las casas, esa es la de calabacín. Con patata o sin ella, con cebolla o con puerro, con queso, con nata o con lo que haya en la nevera. Cada cual tiene su versión y la elabora casi de memoria, sin medir cantidades. Porque la crema de calabacín no se consulta, se improvisa. Se recuerda con las manos y con la práctica de quien la ha hecho cien veces.

Yo quiero proponerte mi versión definitiva. Quizá no sea la más innovadora, pero está afinada tras años de hacerla para cenar entre semana o para llevar en táperes al trabajo, de recurrir a ella los días en los que no me apetecía pensar y, sobre todo, los veranos de cosecha desatada.

En mi casa siempre ha habido huerta, y cuando llegan los calabacines…, llegan con ganas. Uno tras otro, como si les pagaran por salir. Y si no los recolectas a tiempo, se convierten en monstruos verdes del tamaño de tu primo de cinco años. Sin exagerar.

La clave está en cogerlos cuando aún son jóvenes: piel fina, pocas semillas, carne tierna. Si alguna vez has tenido huerta (o una madre, vecina o cuñado que la tenga), sabrás de lo que hablo. Pero llega un momento en el que ya no sabes qué inventar: tortillas, *carpaccios*, bizcochos, raviolis... Así que, al final, vuelves a lo básico, a la crema reconfortante de toda la vida.

Y es entonces cuando, ensayo tras ensayo, vas puliendo tu receta. Esta es la mía: suave, equilibrada, sin estridencias. De esas que reconfortan en enero... y siguen apeteciendo en julio.

INGREDIENTES PARA 4 PERSONAS
2 calabacines medianos, 1 patata mediana, 1 cebolla grande, 2 cucharadas de aceite de oliva virgen extra, 600 ml de agua, 100 g de queso crema o mascarpone, sal y pimienta negra al gusto.

ELABORACIÓN

Pela y pica la cebolla en daditos. Saltéala en una cazuela con el aceite ya caliente y una pizca de sal durante diez minutos o hasta que esté transparente. Pelar el calabacín es opcional, pero si no lo haces, límpialo bien. Pela la patata e incorpórala a la cazuela junto con el calabacín, ambos cortados en trozos medianos. Agrega el agua, salpimenta al gusto y deja cocer durante veinte minutos a fuego medio con tapa. Apaga el fuego y añade el queso cremoso. Tritura y sirve.

Topping sugerido: unos buenos picatostes.

Crema de calabacín con manzana y albahaca

Hay días en los que una se pone creativa en la cocina... y sale algo decente. Otros no tanto. Hay experimentos que no vuelven a repetirse jamás y los hay que acaban entrando por la puerta grande en el recetario familiar. Esta crema fue uno de esos aciertos inesperados. Nació de un «¿Y si...?» un día que trataba de aprovechar lo que había por casa: un calabacín hermoso, una manzana que pedía ser rescatada del frutero y unas hojas de albahaca medio olvidadas después de haber hecho pesto.

En el pueblito donde nací, la albahaca no era un producto que estuviera a mano. Imagino que la frutera me la habría traído si se la hubiera encargado, pero tampoco era yo tan echada *p'alante* como para pedírsela. Así que mis primeros pestos fueron de espinacas, de rúcula e incluso de hojas de zanahoria; cualquier hoja verde con cuerpo y un poco de gracia me servía.

Luego la albahaca se hizo más accesible y empezó a verse en macetitas en los supermercados; entonces probé todos los clásicos: pesto genovés, ensalada caprese, salsa de tomate al estilo italiano, encima de una pizza recién horneada. Después comencé a arriesgar: en postres con fresa y limón, en helados y, por supuesto, en cremas de verduras. Fue sorprendente descubrir cómo ese toque herbal, anisado, casi mentolado, puede cambiar por completo un plato sencillo. Y es que a veces basta un pequeño toque para transformar una receta de toda la vida en algo especial.

Esta versión de la clásica crema de calabacín es justo eso: una crema suave y original, con capas de sabor que se van revelando poco a poco. La manzana, además de aportar un punto sutil de dulzor, da cuerpo y cremosidad sin necesidad de añadir patata ni de echar nata. Y la albahaca... La albahaca es como el perfume final. Esta crema es una de esas pequeñas joyas que surgen cuando se mezclan, con un poquito de atrevimiento, ingredientes conocidos. Porque, a veces, innovar es tan simple como añadir unas hojas verdes que tienes por ahí.

INGREDIENTES PARA 4 PERSONAS
*2 calabacines medianos, 1 cebolla grande,
1 manzana tipo golden o reineta, 20 g de albahaca,
2 cucharadas de aceite, 600 ml de agua,
sal y pimienta al gusto.*

ELABORACIÓN

Pica la cebolla en dados pequeños y sofríela en una cazuela con el aceite de oliva y una pizca de sal durante diez minutos, hasta que esté tierna y transparente. Mientras tanto, pela la manzana y limpia bien los calabacines (puedes dejarles la piel si es fina). Corta ambos en trozos medianos y añádelos a la cazuela junto con las hojas de albahaca. Vierte el agua, salpimenta al gusto, tapa y deja hervir durante quince minutos a fuego medio. Tritura hasta obtener una textura suave y homogénea. Sirve caliente.

Topping sugerido: una cucharada de yogur griego batido con un chorrito de limón, unas almendras tostadas picadas encima y, cómo no, albahaca fresca.

Crema de judías verdes y calabacín

Esta receta se la dedico a mi primo Jontxu, aunque no sé si él estará muy feliz con el plato que le he adjudicado. Me hace muchísima gracia recordar cómo comía las judías verdes —vainas, en Euskadi— cada vez que íbamos a casa de mi tía Iziar. No sé si aquello era un plato de vainas con jamón... o más bien jamón con unas pocas vainas debajo. Las analizaba como si fueran espinas, apartando las que no tuvieran suficiente gracia encima. De niño, como a tantos, la verdura le costaba. Solo la aceptaba al ajillo, bien doradita y con mucha mucha compañía cárnica.

A mí sí me gustaba. Y, ahora que lo pienso, quizá por eso esta crema me hace tanta ilusión: porque convierte esas vainas de mi infancia en un plato suave, saludable y reconfortante sin que pierdan ese sabor puro que tienen cuando son buenas.

Cuando el verano estalla, además del clásico calabacín, en muchas huertas empieza la cosecha abundante de judías verdes. Las hay finas, planas, de mata baja, más tiernas, más recias..., todas con un punto crujiente y ese sabor fresco que, si se cocinan con mimo, se conserva incluso en una crema.

Sí, aunque parezca un plato más propio del invierno, esta crema funciona de maravilla en los meses cálidos. Porque es ligera, porque se puede tomar templada y porque es una forma estupenda de aprovechar la sobreproducción estival sin acabar haciendo una y otra vez el salteado de siempre.

El calabacín aporta suavidad, las vainas marcan el carácter. Es una crema sencilla, sin fuegos artificiales, pero con el sabor de lo que se cocina con cariño y memoria.

No sé si complacería al exigente paladar de aquel Jontxu niño..., pero al menos en esta ocasión el jamón no viene por encima (aunque siempre podemos hacer una excepción).

1 puerro, 1 calabacín,
300 g de judías, 1 cucharadita de curri,
600 ml de caldo de verduras, 3 cucharadas
de aceite de oliva, sal y pimienta negra.

ELABORACIÓN

Lava y corta el puerro en rodajas finas. Sofríelo en una cazuela con el aceite de oliva y el curri durante cinco minutos a fuego medio. Añade el calabacín (con o sin piel) cortado en trozos medianos y las judías verdes troceadas. Rehoga todo junto durante unos minutos. Incorpora el caldo de verduras (o agua con una pastilla de caldo). Remueve bien, tapa la cazuela y cocina a fuego medio durante veinte minutos (o hasta que las verduras estén tiernas). Retira del fuego, deja templar y tritura con la batidora hasta obtener una crema fina.

Topping sugerido: unas vainas cortadas en juliana y salteadas o picatostes.

Crema de tomates asados

Lo sé: en verano cuesta resistirse a unos buenos tomates frescos. En gazpacho, en ensalada o simplemente con sal, aceite y pan. Pero, créeme, asarlos un poco cambia el juego. El horno los transforma. Les da profundidad, realza su dulzor natural y concentra el sabor en cada cucharada. Esta crema es una forma distinta de disfrutar el tomate, más reconfortante, más intensa, sabrosísima.

Aunque suene raro, es una receta para disfrutar en todas las estaciones. De hecho, diría que es especialmente propicia en invierno. Cuando los tomates de rama no tienen demasiado sabor, cuando no puedes olerlos desde la otra punta de la cocina, el horno se convierte en tu mejor aliado. El asado lento rescata lo mejor de ellos, como si les diera una segunda oportunidad.

Hace muchos años (¡casi quince, qué mayor soy!) leí un libro maravilloso, *El perfeccionista en la cocina*, de Julian Barnes, una delicia para quien goce con el humor británico y con la obsesión por la exactitud culinaria. Su protagonista mide, calcula, pesa y ajusta con una precisión casi enfermiza cada ingrediente; pero, entre tanta matemática, aparece una receta que no pasa desapercibida: los tomates *à la crème*, una preparación tan sencilla como impactante, donde el tomate se saltea a la plancha y se mezcla con nata. Quizá suene nimio, pero es puro umami. Porque, como bien dice Barnes, incluso los tomates mediocres salen ganando con esta técnica.

Fue una de las primeras recetas que cociné para Denis (mi marido), y aunque solo la haya repetido dos o tres veces en estos diez años, ha sido suficiente para que se le quede grabada en la memoria. Me la pide cada poco tiempo, con esa nostalgia de las cosas que no se comen a menudo, y siempre nos recordará al inicio de nuestro noviazgo.

Esta crema está inspirada en esa misma idea: tomates asados, un poco de ajo, un chorrito de nata y, si los tomates están ácidos, una cucharadita de azúcar moreno.

En cuanto al topping... Verás, la cocina estadounidense no es precisamente mi principal referente, pero cuando dan en el clavo, hay que reconocerlo. Seguro que has visto mil veces en redes cómo acompañan este tipo de cremas con un sándwich crujiente de queso fundido colocado al lado para mojar, como las galletas en el café... Un exceso calórico, sí, pero funciona muy bien.

INGREDIENTES PARA 4 PERSONAS

1 kg de tomates maduros, 1 cebolla grande, 2 dientes de ajo, 1 zanahoria, 1 rama de apio (opcional), 3 cucharadas de aceite de oliva virgen extra, 300 ml de agua o caldo de verduras, 1 cucharadita de azúcar para equilibrar el sabor, 1 cucharadita de tomillo (preferiblemente fresco), sal y pimienta.

ELABORACIÓN

Precalienta el horno a 200 °C. Mientras, corta los tomates en mitades o cuartos, la cebolla en cuartos y la zanahoria y el apio en trozos medianos. Coloca todo en una bandeja de horno junto con los dientes de ajo enteros pero sin piel. Riega con el aceite de oliva, añade sal, pimienta y, si quieres, tomillo. Asa todo durante treinta y cinco o cuarenta minutos, hasta que los tomates estén tiernos y ligeramente tostados por los bordes. Pásalo todo a una cazuela, añade el caldo de verduras (y el azúcar para equilibrar el sabor, si lo deseas) y cocina a fuego medio durante diez minutos para integrar los sabores. Tritura con la batidora hasta conseguir una crema fina. Si quieres que el resultado sea más sedoso, puedes pasar la mezcla por un colador o chino. Prueba y ajusta de sal y pimienta.

Topping sugerido: sándwich de queso fundido para mojar.

Crema de tomate
con pesto rojo

Vale, lo confieso: mi verdadero apellido no es Vitelli. Se lo robé a Apollonia, la primera mujer de Michael Corleone en *El padrino*. En la película, la familia Vitelli tenía un bar en Savoca, un pueblo de Sicilia colgado entre montañas y limoneros. Aquel establecimiento existe de verdad, y sigue abierto. Es un restaurante, pero también un museo, detenido en el tiempo como una escena congelada. Estuve allí la Semana Santa de 2015 y me enamoré al instante. Aunque no servían esta crema de tomate, sí fue donde probé el pesto rojo.

Porque sí, *red pesto is a thing*. No todos los pestos son verdes. El *pesto rosso*, también conocido como *alla trapanese*, es una deliciosa versión siciliana del genovés, hecha con tomates secos, frutos secos, queso curado, aceite de oliva y alguna hierba como orégano o albahaca. Tiene carácter, profundidad y ese sabor a sol concentrado que solo dan los tomates que han pasado días enteros al aire del Mediterráneo.

De aquel viaje a Sicilia volví cargada de *pomodoro secchi*, caparrones en sal, chocolate de Módica y muchas ganas de cocinar. Aquel invierno, el pesto rojo estaba presente en todo lo que hacíamos en casa: pasta, bocadillos, ensaladas, incluso en las sopas. Fue como meter cucharadas de verano en cada plato.

Así que esta receta también es eso: un puente entre estaciones.

Y si te animas a poner música mientras cocinas (más adelante entenderás el porqué de la referencia musical), busca algo de Raffaella Carrà. Porque *cucinare* con ritmo siempre es mejor. Ahora solo te queda ponerte el delantal, abrir ese bote de tomates secos que lleva semanas en la despensa y preparar una de esas cremas que no se olvidan. Crema, qué fantástica fantástica esta crema...

INGREDIENTES PARA 4 PERSONAS
1,5 kg de tomates maduros, 1 cebolla morada, 2 dientes de ajo, 2 cayenas, 1 cucharadita de azúcar, 1 cucharadita de vinagre balsámico, 600 ml de caldo de verduras, 100 ml de nata líquida, aceite, sal y pimienta.

*75 g de tomates secos en aceite,
3 cucharadas de piñones, 50 g de queso
parmesano rallado, 60 ml de aceite, sal.*

ELABORACIÓN

Precalienta el horno a 180 °C. Mientras, saltea la cebolla, el ajo y la cayena con un chorrito de aceite cuatro minutos. Incorpora los tomates enteros con la sal, la pimienta, el azúcar y un toque de vinagre balsámico. Deja que se doren un poco y llévalos al horno veinte minutos.

Tuesta los piñones en seco para el pesto rojo. Tritura los tomates secos con sal, añade los piñones, vuelve a triturar y mézclalo todo con el parmesano y un poco de aceite hasta conseguir una pasta espesa y untuosa.

Pasa las verduras a una cazuela, añade el caldo y cocina cuatro minutos. Puedes incorporar nata ahora. En ese caso, cuece cuatro minutos más antes de triturar. Sirve bien caliente, con pesto rojo encima.

Topping sugerido: unas hojitas de albahaca fresca.

Crema de tomate a la vasca

Pese al apellido italiano robado, una no puede ocultar su origen vasco. Me acuerdo de un anuncio de cerveza —ya mítico— que celebraba los acentos regionales, con imágenes rescatadas de Lola Flores y una frase que se me quedó grabada: «Manosea tus raíces, que de ahí siempre salen cosas nuevas». Decía también que el acento es tu tesoro y que no deberías perderlo nunca.

Y qué razón tenía...

Hay quien intenta disimularlo, pero a mí una pronunciación marcada me parece lo mejor del mundo. Como cuando Rosalía habla en inglés y se le escapa el deje español; o como mi vecina gallega, que lleva sesenta años viviendo en Euskadi y no hay quien le borre su sello lingüístico. Ni falta que hace.

Los acentos son un mapa, una historia contada con la lengua. Así que esta crema es un pequeño homenaje a mi tierra. Después de la versión americana con su sándwich de queso fundido y de la siciliana con pesto rojo, aquí llega la versión vasca. Porque en este chiste solo faltaba una, y soy yo.

En esta receta no hay horno. Si no te apetece encenderlo, guisa en la cazuela como se ha hecho siempre: tomate, cebolla, ajo, un poco de caldo y a dejar que el chup chup haga su magia.

Lo que marca la diferencia es el Idiazábal, ese queso que huele a caserío, a brasa, a feria de pueblo y a bocadillo de media mañana. A los domingos de mi infancia, cuando nos acercábamos en familia a Larrea (Álava) a comprar queso en la que llamábamos «la casita de chocolate» (una casa marrón, lógica infantil), después de tomar un *pintxo* de choricito a la brasa en el único bar del pueblo de Aldaia.

Si eliges un Idiazábal ahumado, verás que combina de maravilla con la acidez del tomate: la redondea, la abraza, la abriga. No te creas que es una receta heredada de mis ancestros —esto no lo hacía mi *amama*—, pero es una de esas mezclas que, cuando das con ella, piensas: «¿Cómo no se me había ocurrido antes?».

El resultado es una crema melosa, con carácter, que se puede tomar sola o acompañada con unos dados de pan tostado y más queso rallado por encima. Para mojar, para cucharear, para repetir. Porque el tomate pue-

de viajar a muchos sitios, pero cuando vuelve a casa…,
sabe todavía mejor.

INGREDIENTES PARA 4 PERSONAS

800 g de tomates maduros, 1 cebolla dulce, medio
pimiento verde, 2 dientes de ajo, 3 cucharadas
de aceite de oliva virgen extra, 600 ml de agua
o caldo de pollo, 100 g de queso Idiazábal (puede
ser ahumado), sal y pimienta negra al gusto.

ELABORACIÓN

Pica la cebolla, el ajo y el pimiento y sofríelos en una
cazuela con el aceite de oliva y una pizca de sal durante
diez o doce minutos, hasta que estén bien pochaditos.
Mientras se van dorando, pela los tomates (si lo prefieres, puedes escaldarlos un minuto para que sea más
fácil) y córtalos en dados. Añádelos a la cazuela y cocina
todo junto a fuego medio durante veinte minutos más,
removiendo de vez en cuando.

Cuando los tomates estén bien blandos y hayan sol-
tado todo su jugo, añade el agua o caldo caliente, salpi-

menta y deja cocer otros diez minutos. Apaga el fuego, añade el queso Idiazábal rallado y deja que se funda con el calor residual. Tardará poco más de un minuto. Tritura bien hasta obtener una crema fina. Prueba y ajusta de sal.

Topping sugerido: unas migas de pan tostadas y (un poco más de) queso rallado.

Crema de tomate, garbanzos y harissa

Siempre he admirado la capacidad de mi madre para cocinar tan bien con tan poco. Tiene el don de abrir la despensa, coger lo que hay —aunque parezca que no hay nada— y sacar un platazo. Recuerdo una vez, no hace mucho, que volvimos de Cádiz y en su cocina solo había dos botes: uno de judías verdes y otro de atún. Pues bien, la tía se marcó unas vainas salteadas al ajillo con una cayenita y la lata de atún que fueron un espectáculo. Cocina de recursos, de fondo de armario, de supervivencia deliciosa.

Esta crema nace con la misma intención. Bien podría haberla inventado mi madre, pero supongo que esa habilidad también se hereda. De hecho, podría haberle llamado crema salvavidas, pero sonaba demasiado dramático. Lo que sí tengo claro es que es una receta de esas que demuestran que con cuatro cosas se puede cocinar algo rico, reconfortante y hasta un poco exótico.

En esta receta puedes hacer trampa; es más: te animo. Puedes usar tomates frescos si te apetece, pero los de conserva van estupendamente. Y si tienes unos garbanzos cocidos de sobra, genial, pero los de bote también valen. El punto especial lo pone la harissa, esa pasta de chile magrebí que tiene un picorcito muy llevadero y un perfume especiado que alegra cualquier cosa.

Es una crema de fondo de despensa, de las que te solucionan una comida sin complicaciones, pero con mucha dignidad. Y si le pones un chorrito de yogur por encima y algo crujiente para mojar..., montas un festín de miércoles sin bajar ni al súper.

INGREDIENTES PARA 4 PERSONAS

*Una conserva de tomates enteros pelados (400 g),
una conserva de garbanzos cocidos (400 g),
1 cebolla, 2 dientes de ajo, 2 cucharadas de aceite
de oliva virgen extra, 1 cucharada de pasta
de harissa (ajusta según tu tolerancia al fuego),
½ cucharadita de comino molido, ½ cucharadita
de pimentón dulce, 500 ml de agua o caldo
de pollo, sal y pimienta al gusto.*

ELABORACIÓN

Pica la cebolla y los ajos y sofríelos en una cazuela con el aceite y una pizca de sal durante ocho o diez minutos, hasta que notes que están blanditos y empiezan a dorarse. Añade el comino, el pimentón y la harissa y remueve un par de minutos más para que suelten todo el aroma.

Incorpora los tomates de conserva (con su jugo) y los garbanzos escurridos. Cocina todo junto cinco minutos, rompiendo un poco los tomates con la cuchara. Añade el caldo, salpimenta y deja cocer diez o quince minutos a fuego medio.

Tritura hasta obtener una crema suave y ligeramente espesa. Ajusta de sal, pimienta y... harissa si ves que el día necesita más alegría.

Topping sugerido: unos garbanzos crujientes.

Crema de berenjena y tomate

Hace un año lancé en Instagram una serie de cremas calientes que, está mal que yo lo diga..., pero lo petó. Esta receta en concreto se hizo bastante viral. Jamás dejará de sorprenderme la magia de las redes: que alguien vea un vídeo desde su sofá, se anime a hacer la receta, incluya los ingredientes en su lista de la compra, cocine en su casa, saque una foto del resultado y me la mande. Es lo mejor que tiene mi trabajo, conectar desde los fogones, compartir lo que a mí me funciona y descubrirle a la gente recetas que no sabían que necesitaban.

La berenjena no es precisamente la primera verdura que nos viene a la cabeza cuando pensamos en una crema. Parece que se presta más a un pisto, a un *baba ganoush* o a una lasaña vegetal. Pero, créeme, cuando se cocina bien, con cariño y un buen sofrito, la berenjena se transforma. Tiene ese punto carnoso, casi umami, que le da cuerpo a cualquier receta. Y esta crema lo demuestra.

Es una de esas cremas que sorprenden incluso a quienes te dicen: «Yo no soy mucho de verduras...». Y es que entre la berenjena bien pochada, el tomate maduro, el toque de pimentón, el caldo de pollo y el remate final del jamón crujiente, este plato sabe más a guiso de la abuela que a puré de dieta. Hablamos de profundidad, de textura y de ese punto casero que te reconcilia con la cuchara.

No me extraña que triunfara por todo lo alto. Lo tiene todo para enamorar: ingredientes sencillos, técnica fácil y sabor reconfortante. Además, se presta a mil variaciones. Si quieres hacerla vegetariana, cambia el caldo y omite el jamón. Si te gusta con un punto más ahumado, añade un poco de comino. Si te sobra, congélala (aunque te advierto que no suele sobrar).

Una crema con alma de guiso. Que no pide aplausos, pero se los gana.

INGREDIENTES PARA 4 PERSONAS
2 berenjenas, 200 ml de tomate frito (si es casero, mejor), 1 cebolla, 1 patata, 1 cucharadita de pimentón dulce, 500 ml de caldo de pollo, 50 g de queso curado rallado, aceite, sal, pimienta

ELABORACIÓN

Pela la cebolla y la patata y córtalas en trozos medianos. Lava las berenjenas (déjales la piel) y córtalas también en dados. En una cazuela amplia, calienta el aceite de oliva y pocha las verduras con una pizca de sal durante doce o quince minutos a fuego medio, removiendo de vez en cuando, hasta que estén blandas y ligeramente doradas.

Añade el tomate frito y el pimentón, remueve bien y cocina un par de minutos más para integrar los sabores. Incorpora el caldo caliente, salpimenta al gusto y deja cocer todo junto durante veinte minutos a fuego medio con la cazuela tapada.

Apaga el fuego, añade el queso rallado y tritura hasta obtener una crema suave y homogénea.

Topping sugerido: jamón crujiente.

Crema de coliflor, pera y queso azul

En el edificio de Santa Marina en el que vivía de pequeña con mis padres, éramos seis familias de vecinos (había tres pisos y dos puertas en cada uno). Alguien del primero cocinaba coliflor todas las semanas y, gracias a eso, yo, que vivía en el último piso, aprendí a identificar desde los cinco años *aquel olor*. Menos mal que sabe mejor de lo que huele...

Si no eres muy fan de la coliflor y aun así no te rindes en el empeño de encontrar una receta que te convenza, deja de buscar: es esta. O si siempre la comes cubierta de tomate y bechamel para tapar su sabor, deja que se luzca con esta crema.

Nunca he estado de acuerdo con la falsa creencia de que las cremas de verduras tienen que ser ligeras, neutras, poco calóricas. Toda la vida se han relacionado con comida de dieta, recetas sanas y toda esa vaina. Así, cuando nos ponen delante una crema de verduras con queso azul o nata, hay gente que se lleva las manos a la cabeza porque «eso ya no es saludable». Como si ponerle carácter a un plato fuera un crimen. Como si solo pudiéramos comer verde al vapor, sin sal, sin pan y sin alegría. Como si la comida tuviera que ser penitencia y no fiesta. Como si tuviéramos fobia a engordar.

La vida, desde luego, es mucho más amable cuando dejas de contar calorías y empiezas a alimentarte también por placer. Esta crema viene a romper esos moldes: la coliflor se cocina lentamente con la cebolla hasta que pierde su bravura y se vuelve casi dulce; la pera madura le da perfume y un punto afrutado; y el queso azul, el que tú elijas, corona la mezcla con su carácter inconfundible. Cremosa, intensa, de esas que te reconcilian con el mundo.

Una cucharada y te olvidas del olor del portal. Palabra de vecina del tercero.

INGREDIENTES PARA 4 PERSONAS
1 coliflor mediana (unos 600 g de ramilletes),
1 pera madura (tipo conferencia o blanquilla),
1 patata, 1 cebolla, 2 cucharadas de aceite
de oliva virgen extra, 600 ml de caldo de verduras,

150 g de queso azul (roquefort, cabrales, gorgonzola...), sal y pimienta al gusto.

ELABORACIÓN

Pela y pica la cebolla en dados pequeños y sofríela en una cazuela con el aceite de oliva y una pizca de sal durante unos diez minutos, hasta que esté bien pochada. Añade la patata pelada y cortada en trozos y la coliflor en ramilletes pequeños. Remueve un par de minutos más y cubre las verduras con el caldo caliente.

Tapa la cazuela y cuece a fuego medio durante veinte minutos. Mientras tanto, pela y descorazona la pera, córtala en trozos y añádela a la olla los últimos cinco minutos de cocción.

Cuando todo esté bien tierno, apaga el fuego y añade el queso azul desmenuzado. Tritura hasta obtener una crema fina y suave. Prueba y ajusta de sal y pimienta.

Topping sugerido: un poquito de queso azul desmigado y unas avellanas tostadas picadas.

Crema de coliflor dubarry

No es una crema cualquiera. Tiene nombre propio, pedigrí y un pasado aristocrático: se dice que la *crème* dubarry rinde homenaje a Jeanne Bécu, más conocida como madame Du Barry, una de las amantes más célebres (y controvertidas) de Luis XV. Siempre me ha llamado la atención cómo se representa a mujeres como ella en la historia: un poco mandonas, un poco tiquismiquis. Como si por tener criterio fueran automáticamente sospechosas. Pero la realidad es que madame Du Barry no solo fue musa de artistas y piedra en el zapato de la nobleza, también fue una persona curiosa, inteligente y con una opinión formada... incluso sobre los fogones de palacio.

Le encantaba la coliflor, decía que tenía propiedades medicinales, digestivas y hasta afrodisíacas. Con estas argucias, convenció a los cocineros reales para que la usaran en todo tipo de platos, y hasta logró que la cultivaran como planta ornamental en los jardines de Versalles. No me extrañaría que algún concejal de Urbanismo se hubiera inspirado en ella, porque en este país hay rotondas que parecen auténticos homenajes a la huerta... Y alguna que otra, juraría, va vestida de coliflor.

Esta crema que lleva su nombre es todo lo que una sopa puede aspirar a ser: delicada, cremosa, con un fondo suave de puerro y coliflor y un toque final de nata que le da una textura sedosa y envolvente. No necesita toppings ni florituras. Es una de esas recetas que no han envejecido ni un ápice y que te transportan a una época de vajillas de porcelana y cucharas de plata. Rollo María Antonieta, aunque ella era más de pasteles.

Saca tu mejor vajilla, que esta crema no puede viajar en táper. Palabra de tiquismiquis con criterio.

INGREDIENTES PARA 4 PERSONAS

1 coliflor mediana (unos 600 g), 1 patata, 1 puerro, 2 cucharadas de mantequilla, 700 ml de agua o caldo, 100 ml de nata líquida, media cucharadita de nuez moscada, sal y pimienta al gusto.

ELABORACIÓN

Lava la coliflor y separa los ramilletes. Pela la patata y córtala en dados. Limpia el puerro y córtalo en rodajas finas. En una cazuela amplia, funde la mantequilla a fuego medio y pocha el puerro con una pizca de sal durante unos diez minutos (hasta que esté tierno, pero sin dorar).

Añade la patata y la coliflor, mezcla bien y cubre con el caldo. Salpimenta al gusto e incorpora una pizca de nuez moscada, si te gusta. Cocina a fuego medio con la cazuela tapada durante veinte o veinticinco minutos. Apaga cuando las verduras estén bien tiernas.

Añade la nata y tritura toda la mezcla hasta obtener una crema fina y sedosa. Si la quieres más ligera, puedes añadir un poco más de caldo.

Topping sugerido: un poquito de crema de trufa, ya que estamos en plan fino.

Crema de sopa de cebolla

Pocos platos representan tan bien la cocina tradicional francesa como la sopa de cebolla. Con esta versión, quiero rendir homenaje a este clásico y reinterpretarlo en forma de crema, pero sin que pierda ni una pizca de su intensidad ni de su profundidad de sabor. La base es la de siempre: cebolla bien pochada, paciencia y un buen caldo. Lo que cambia es la textura, porque, a golpe de batidora, se consigue una sensación en la boca más aterciopelada y elegante.

Cada vez que la preparo, me siento un poco en el mundo de *Los miserables*. No en el París de las postales, sino en el de las barricadas, los callejones húmedos y las cocinas en las que apenas hay nada que echar al puchero. Esa Francia de Victor Hugo que huele a humedad, a pan duro y a desesperanza. Es fácil imaginar a Fantine haciendo una sopa con las últimas cebollas que le quedan. O a Cosette, de niña, removiendo una olla para madame Thénardier mientras la lluvia golpea los cristales. Incluso Jean Valjean, tras escapar una vez más de su pasado, podría haber encontrado consuelo, al borde de la redención, en esta sopa humeante.

La historia de la sopa de cebolla, un plato nacido entre el campesinado y elaborado con cuatro cosas, es como la de *Los miserables,* una historia de resistencia. Ambas empiezan con poco: unas cuantas cebollas, un pedazo de pan, agua y una nota triste. Pero con tiempo, fuego lento y algo de fe, se transforman en algo que alimenta el alma. La capa de queso gratinado es como el final del musical: inesperadamente luminoso, casi celestial. Un canto a la esperanza después de tanta penuria. Yo he añadido mantequilla y nata porque, seamos sinceros, ya no estamos para sufrir. La revolución está muy bien, pero si es cremosa, mejor.

INGREDIENTES PARA 4 PERSONAS
*5 cebollas dulces, 3 cucharadas de mantequilla,
1 cucharada de aceite de oliva virgen extra,
1 cucharadita de azúcar (opcional, para ayudar
a caramelizar), 1 cucharadita de harina,
600 ml de caldo de pollo, 75 ml de nata líquida,
sal y pimienta negra al gusto.*

ELABORACIÓN

Pela y corta las cebollas en juliana fina. En una cazuela amplia, calienta la mantequilla con el aceite y añade las cebollas con una pizca de sal. Póchalas a fuego medio-bajo durante unos treinta o cuarenta minutos, removiendo despacio de vez en cuando hasta que estén doradas, melosas y hayan reducido bastante. Si lo ves necesario, añade el azúcar para acelerar el caramelizado.

Cuando las cebollas estén listas, añade la harina y remueve un par de minutos para que se tueste un poco y pierda el sabor a crudo. A continuación, sin dejar de remover, incorpora el caldo caliente poco a poco. Deja que cueza todo junto unos diez minutos más a fuego suave.

Tras retirar del fuego, añade la nata (opcional) y tritura bien hasta conseguir una crema sedosa. Prueba y ajusta de sal y pimienta.

Topping sugerido: como no podía faltar un guiño a la receta original, te diré que lo ideal es acompañarla de un poco de pan tostado con gruyère o emmental gratinado. Si no te quieres complicar tanto, ralla un poco de cualquier queso directamente sobre la crema caliente y deja que se vaya fundiendo... Puro placer.

Crema francesa de zanahoria

Siempre me ha hecho gracia cómo, a lo largo de la historia, se nos ha intentado convencer de ciertas cosas a través de la comida. Mi *amama* Tere siempre contaba que mi padre pedía espinacas encantado porque quería parecerse a Popeye y estar fuerte como un toro. También crecimos pensando que las zanahorias mejoraban la vista, incluso de noche. Yo, de niña, me lo creía todo, así que me las zampaba segura de que algún día podría ver en la oscuridad como un gato; hasta llegué a pensar que si las rallaba muy finitas serían más efectivas (base científica: cero). *Spoiler*, soy miope.

Años después descubrí que lo de las zanahorias y la vista tenía trampa. Durante la Segunda Guerra Mundial, los británicos difundieron esa idea como cortina de humo para ocultar su nuevo sistema de radar nocturno. Decían que sus pilotos eran muy buenos detectando aviones enemigos porque comían muchas zanahorias. Y el mundo se lo creyó. Décadas después, yo también.

Sea como fuere, si los ingleses aseguraban que la zanahoria era buena para la vista, los aliados franceses debieron de pensar: «Pues venga, vamos a hincharnos de *potage Crécy*». Y no les faltaba razón. Pocas cosas reconfortan tanto como esta crema sencilla y dulce que sirve, además, para cerrar con buen sabor de boca este pequeño capítulo dedicado a las sopas francesas.

La crema toma su nombre de Crécy-en-Ponthieu, una región del norte de Francia conocida por el dulzor de sus zanahorias. En la cocina tradicional francesa, la expresión «à la Crécy» remite a un plato donde la zanahoria es la protagonista. Es una crema sencilla, sin más pretensión que la de reconfortar. No lleva patata, como muchas otras, sino arroz, igual que algunas cremas de marisco navideñas. Al cocerse junto con las verduras, se deshace casi por completo y aporta una cremosidad natural. El resultado es una crema humilde, sí, pero con ese *je ne sais quoi* que la hace especial.

No sé si tu vista mejorará después de comerla, pero seguro que verás la zanahoria con otros ojos.

*500 g de zanahorias, 1 cebolla, 1 diente de ajo,
1 puerro, 2 cucharadas de mantequilla, 50 g de
arroz blanco, 750 ml de agua o caldo, un pellizco
de nuez moscada, sal y pimienta al gusto.*

ELABORACIÓN

Pela y pica la cebolla y el ajo. Lava el puerro y córtalo en rodajas finas. Pela las zanahorias y córtala también en rodajas. En una cazuela amplia, funde la mantequilla a fuego medio y sofríe el puerro, la cebolla y el ajo con una pizca de sal durante diez minutos, hasta que estén blanditos.

Incorpora las zanahorias y el arroz, mezcla bien y vierte el caldo caliente. Salpimenta al gusto, añade una pizca de nuez moscada si te gusta y cocina a fuego medio con tapa durante unos veinticinco minutos, o hasta que el arroz y las zanahorias estén bien tiernos.

Tritura la mezcla hasta obtener una crema suave y aterciopelada. Si la quieres más fina, puedes pasarla por un colador o añadir un poco más de caldo.

Topping sugerido: una buena cucharada de *crème fraîche.*

Crema de zanahoria al curri

La zanahoria es una de esas joyas que pasan desapercibidas. Siempre ahí, siempre disponible, siempre barata. Incluso cuando todo sube, ella resiste: por un euro, te llevas un kilo de color, dulzor y posibilidades. Y, sin embargo, la mayoría de las veces la usamos como figurante. Va al fondo del sofrito, se cuece junto con la cebolla y el ajo en cualquier salsa española, aparece tímida en la boloñesa... y pocas veces se le da el protagonismo que merece.

Pero si te paras a pensarlo, tiene una carrera más que digna como actriz principal. Está en uno de los bizcochos más queridos del mundo, el *carrot cake*, esa delicia anglosajona con crema de queso por encima. En Andalucía se aliña con comino, vinagre y ajo y se sirve fría, como un entrante humilde que sorprende. En Francia, se ralla cruda y se convierte en *carottes râpées*, una ensalada sencilla que, aliñada con una vinagreta de mostaza, se transforma en un manjar cotidiano. Siempre modesta, pero siempre cumpliendo.

Esta crema es una oda a esa versatilidad silenciosa. A esa hortaliza que no se queja, que se guarda bien, que no pide atención, pero que tiene una dulzura cálida que enamora. Aquí se acompaña de un toque de curri —solo un toque— para sacarla de la rutina sin disfrazarla. No sabe a India, ni a fusión, ni a cocina de autor. Sabe a hogar, pero con un pequeño giro.

Es una crema muy económica, muy fácil de hacer y muy agradecida. Pero, sobre todo, es una forma de mirar con otros ojos a un ingrediente que siempre ha estado presente. Paciente, fiel, humilde, la becaria de la cocina.

INGREDIENTES PARA 4 PERSONAS

600 g de zanahorias, 1 cebolla, 1 diente de ajo, 1 cucharadita de curri en polvo (ajusta al gusto), 2 cucharadas de aceite de oliva, 500 ml de agua o caldo, 100 ml de leche de coco, sal y pimienta negra al gusto.

ELABORACIÓN

Pela y pica la cebolla y el ajo y sofríelos en una cazuela con el aceite y una pizca de sal durante unos diez minutos, hasta que estén blanditos y empiecen a dorarse. Añade el curri en polvo y remueve un minuto más para que suelte todo su aroma y pierda su sabor crudo.

Agrega las zanahorias peladas y cortadas en rodajas, mezcla bien todo y vierte el caldo caliente. Salpimenta al gusto y deja que se cocine, con la cazuela tapada, durante unos veinte minutos, hasta que las zanahorias estén tiernas.

Incorpora la leche de coco y tritura hasta conseguir una crema fina y sedosa. Finalmente, si hace falta, ajusta de sal y pimienta. Si te gusta una textura más ligera, puedes añadir un poco más de agua o caldo.

Topping sugerido: un poco de yogur natural y unas semillas de sésamo o de calabaza tostadas.

La crema de calabaza de mi madre

Dicen que la *comfort food* no se refiere un plato en sí, sino a una sensación. Algo que te abraza por dentro, te calma el estómago y el ánimo, y te lleva —sin previo aviso— a algún rincón seguro de tu memoria. A veces se manifiesta en forma de crema templada, o de guiso que huele a domingo, o de bizcocho que sabe a infancia. Lo curioso es que ese «plato refugio» no es el mismo para todo el mundo: lo que a ti te reconforta, a otro puede parecerle insípido. Porque los sabores que nos curan no vienen de la alta cocina, sino de lo vivido.

Nuestros gustos gastronómicos se van moldeando desde que somos pequeños. Con lo que había en la despensa. Con lo que cocinaban nuestras madres, padres, abuelas o quienes estuvieran a cargo de alimentarnos en el día a día. No importa si era una receta elaborada o una crema sencilla con verduras de la huerta: si te salvó del hambre, de una gripe tonta o de una tarde triste, es probable que se haya quedado grabada en algún pliegue de tu memoria gustativa.

Mi madre, por ejemplo, es de cocina resolutiva. En su época no había jornada reducida ni planificación dominguera con vinito y pódcast (eso que ahora llaman *batch cooking*). Le tocaba hacer malabares con el tiempo. Es experta en recetas rápidas, pero no de las que se ven en las redes para hacer en la dichosa freidora de aire, sino de las buenas de verdad. Con fundamento.

Y aunque la teoría diga que las cremas ganan si se empieza con un buen sofrito, ella era más de meterlo todo en la olla exprés y pasar luego la túrmix. Y, sin embargo, ninguna crema de calabaza me sabe como la suya. Ya pueden ponerme delante versiones con calabaza asada, con jengibre, leche de coco, quesos sofisticados o cebolla caramelizada, que seguiré poniendo por delante la crema de calabaza de mi madre.

No sé si esta receta gustará a todo el mundo, pero a mí me sabe a casa, a cuidados, a esa cocina sin grandes pretensiones, pero con mucha intención. Esa que no presume, pero que siempre está: la *ama*.

INGREDIENTES PARA 4 PERSONAS
600 g de calabaza, 2 patatas,
1 puerro, 600 ml de agua,
sal al gusto, aceite.

ELABORACIÓN

Limpia el puerro y córtalo en rodajas. Pela las patatas y la calabaza y trocéalas. Echa todo a la olla exprés, con una pizca de sal y el agua. Cierra la olla y cuece durante diez minutos desde que sube la válvula (veinte si la haces en una cazuela normal). Abre, vierte el aceite en crudo, tritura con la batidora hasta que quede una crema fina y suave, y ajusta de sal si hace falta.

Topping sugerido: unos picatostes (¿qué esperabas?).

Mi crema de calabaza clásica

Y ahora, amigas, amigos, me toca a mí. Mi turno. La flor y nata de las cremas de calabaza básicas —esas que no necesitan mezclas extravagantes para brillar—. Esta receta nace de la fusión de dos grandes cocineras: mi madre, que es siempre mi punto de partida; y mi *amama* Tere, que le añadía un par de quesitos justo antes de triturar. Yo solo cambié los quesitos del Caserío por queso brie, incorporé un buen sofrito y *voilà*: crema de calabaza intergeneracional.

Hoy en día se ven calabazas de todos los tipos y tamaños. Está la calabaza cacahuete —tan mona y tan manejable que puedes meterla en la bolsa sin dislocarte un hombro—; o la potimarrón, dulzona y cremosa, que últimamente aparece por muchas huertas vecinas con su forma redondita y su aire francés. Pero aquí, la que siempre ha reinado es la calabaza vasca, también conocida como tipo Mallorca: grande, alargada, con la piel verdosa y una pulpa naranja vibrante que parece hecha a propósito para alegrarte el día. Normalmente se vende en rodajas, porque para llevarte una entera a casa necesitas una carretilla y un poco de fe.

Esta crema no busca reinventar la rueda. Tiene todo lo que debe tener: un sofrito en condiciones, una buena calabaza, un toque de queso para redondear y caldo suficiente como para que la textura abrace sin empalagar. He probado otras versiones con leche de coco, con especias, con manzana, con jengibre, con curri..., pero, al final, siempre vuelvo a esta. Por sabor, por memoria y por apego. Porque esta no es solo mi receta: es una especie de receta familiar remezclada, con ecos de las manos que me cuidaron, de las cucharas que me enseñaron, de los sabores que me hicieron como soy. Una crema con historia, oficio y cariño.

Y sí: sale rica. Muy rica. Pero, sobre todo, sabe a algo que va más allá del gusto. Sabe a casa. A mujeres prácticas y sabias. A herencia bien batida.

600 g de calabaza (tipo vasca o Mallorca),
1 puerro, 1 cebolla dulce, 1 patata, 2 cucharadas
de aceite de oliva virgen extra, 1 cucharada de
mantequilla, 600 ml de caldo de pollo, 80 g
de queso brie (sin corteza, o con ella si te gusta
ese toque más intenso), sal y pimienta al gusto.

ELABORACIÓN

Pica la cebolla y el puerro y sofríelos en una cazuela amplia a fuego medio-bajo con el aceite y la mantequilla. Añade una pizca de sal y cocina lentamente durante unos quince minutos, hasta que estén muy pochaditos y empiecen a dorarse. Este sofrito es la base de sabor, así que sin prisas.

Añade la patata pelada y troceada, y la calabaza en dados, pelada también. Remueve un par de minutos para que cojan el gustito del fondo y cúbrelo todo con el caldo caliente. Salpimenta, tapa y cocina a fuego medio durante veinte minutos, hasta que los ingredientes estén tiernos.

Apaga el fuego, añade el brie troceado, espera un par de minutos a que se funda con el calor residual y tritura bien hasta obtener una crema fina, aterciopelada y con ese puntito untuoso que la eleva.

Topping sugerido: unas pipas de calabaza y un chorrito de aceite de oliva picante.

Crema de calabaza asada con naranja

A *priori*, parece innecesario encender el horno para hacer una crema. Nos han enseñado que las verduras se guisan, se cuecen, se trituran y listo. Si además usas una cazuela para finalizar el plato, manchas el doble: el horno y la cocina. Todo son trabas.

Pero ¿y si dejásemos de pensar en la cocina como un espacio en el que invertir el menor tiempo posible? Las casas han pasado de tener la cocina como eje central a arrinconarla: cuartitos estrechos con un par de fuegos de inducción con menos potencia que una vela y, si nos descuidamos, con un microondas como protagonista. De aquí a vivir sin cazuelas, nos quedan un par de telediarios.

Y, sin embargo..., qué maravilla cuando decides no correr. Cuando eliges ensuciar los cacharros. Cuando dejas que el horno se tome su tiempo, y tú con él. Cocinar sin prisas es el mejor *life hack* que existe: para cuidarte, para ahorrar dinero, para comer mejor y, sobre todo, para reconectar contigo y con los tuyos.

Esta crema nace de esa idea. No se cuece, se asa. Y esa decisión, tan sencilla, lo cambia todo. La calabaza, la cebolla y el ajo van al horno y al tostarse se transforman: su sabor se concentra, se caramelizan, ganan profundidad. Ya no saben a lo de siempre. Para redondear, un toque de naranja que despierta y refresca. Porque en esta vida, hemos venido a jugar, ¿no?

Es una receta que juega en otra liga. No busca la rapidez, busca el sabor. No se hace en diez minutos, pero te recompensa desde el primer bocado. Y te recuerda que cocinar también puede ser una forma de estar en el mundo. Así que sí, estamos de acuerdo, manchamos un poco más y tardamos un poco más en hacerla, pero merece la pena cada minuto invertido. Porque cocinar bien, cocinar con calma, es uno de los gestos más poderosos que puedes hacer por ti.

INGREDIENTES PARA 4 PERSONAS
700 g de calabaza (tipo cacahuete o potimarrón),
2 zanahorias, 1 cebolla, 2 dientes de ajo,
2 cucharadas de aceite de oliva virgen extra,
ralladura y zumo de 1 naranja,

500 ml de agua o caldo, media cucharadita de jengibre en polvo, sal y pimienta al gusto.

ELABORACIÓN

Precalienta el horno a 200 °C. Coloca en una bandeja la calabaza, la cebolla pelada y cortada en cuartos, las zanahorias peladas y troceadas y los ajos enteros con piel. Rocía con el aceite de oliva, añade sal, pimienta y, si te animas, una pizca de jengibre. Remueve bien para que todo quede impregnado.

Asa durante treinta y cinco o cuarenta minutos, removiendo a mitad de cocción, hasta que las verduras estén blanditas y tengan los bordes dorados.

Saca del horno, retira la piel del ajo y pasa las verduras a una cazuela. Añade el caldo caliente, la ralladura y el zumo de naranja y cocina todo junto cinco minutos para integrar sabores. Tritura hasta obtener una crema suave y aromática. Ajusta de sal, pimienta y acidez si lo ves necesario.

Topping sugerido: una buena cucharada de *crème fraîche* y un poco de ralladura de naranja.

Crema de calabaza thai

Si piensas que el curri es solo ese polvo amarillo que guardas en un bote que vive eternamente en el fondo del armario de las especias, es que aún no has probado los curris tailandeses en pasta. Te aviso: juegan en otra liga. A diferencia de los curris indios en polvo —más secos, especiados y terrosos—, las pastas tailandesas son mezclas húmedas, hechas con ingredientes frescos, como el chile, la citronela, la lima kafir, la galanga o el ajo, triturados hasta formar una masa aromática e intensísima. Con solo una cucharadita, puedes transformar un plato entero: sopas, salteados, guisos, marinados... y cremas, por supuesto. Son una bomba de sabor concentrado.

De todo este universo, para esta crema de calabaza tan especial, usaremos el curri verde tailandés (*kaeng khiao wan*), que no engaña: es el más potente de todos. Si lo tuyo no son las emociones fuertes, puedes empezar con el amarillo (*kaeng kari*), mucho más suave y amable. Pero si te atreves, prepárate para una crema con mucho carácter.

No te miento: esta no es una de esas cremitas suaves y complacientes. Tiene garra. De hecho, se podría decir que tiene mala leche. A mí me encanta, ojo, pero no vengo a venderte una receta delicada y floral. Esto es para los días en los que el cuerpo te pide marcha, intensidad, calor interior. Para cuando hace frío fuera, pero tú quieres chispa en la cuchara.

En mi caso, el amor por los sabores intensos me viene de familia. Mi *aitaita* Fernando fue la persona más fan del picante que he conocido. No sé si los gustos se heredan, pero él le ponía cayena a todo: desde a su típico arroz con conejo hasta a los garbanzos guisados de su mujer. Y aunque estos sabores tailandeses probablemente le habrían parecido exóticos de más, estoy segura de que, con la alegría incendiaria que tiene esta crema, habría repetido encantado.

Por suerte, si no te gusta tanto el picante, siempre puedes ajustar la intensidad. Empieza con media cucharada de curri y un poco de jengibre fresco, prueba y ve afinando. Esto no va de sufrir, va de disfrutar. Aunque sea con una lagrimita cayendo por la emoción (o por el fuego en la boca).

700 g de calabaza, 2 puerros, 2 rodajas de jengibre fresco, 1 cucharada de pasta de curri verde (mejor empieza con media si no quieres llevarte un susto), 400 ml de leche de coco, 400 ml de agua (puedes usar la lata de la leche de coco y así aprovechas los restos), 2 cucharadas de aceite de oliva virgen extra, sal y pimienta al gusto.

ELABORACIÓN

Limpia y corta los puerros en rodajas finas. En una cazuela amplia, echa el aceite y sofríelos junto con el jengibre durante ocho minutos a fuego medio, hasta que estén tiernos y fragantes.

Añade la pasta de curri verde y cocínala un par de minutos, removiendo bien para que se funda con el sofrito y saque todo su aroma.

Incorpora la calabaza pelada y troceada. Vierte la leche de coco y el agua, añade una pizca de sal y deja cocer veinte o veinticinco minutos, hasta que esté blanda.

Tritura hasta obtener una crema fina y cremosa. Prueba y ajusta de sal, acidez o picante (puedes añadir un poco más de curri si te has venido arriba).

Topping sugerido: el contraste perfecto es una manzana cruda en dados, pues aporta frescor y un toque crujiente.

Crema de calabaza anisada

Si piensas que ya has probado todas las versiones posibles de la crema de calabaza…, aún te falta esta. Pero, tranquilidad, no le vamos a echar un chorro de Anís del Mono como a las rosquillas de pueblo en Nochebuena. Aquí entra en juego un ingrediente con un gran recorrido, pero todavía desconocido para muchos: el hinojo.

El hinojo ha sido protagonista silencioso en muchas cocinas tradicionales, en especial en la cocina gitana, de carácter nómada y sabio, que ha sabido extraer todo el sabor de la tierra sin apenas recursos. Durante demasiado tiempo —quizá por clasismo, quizá por ignorancia— se ha mirado por encima del hombro una forma de cocinar que es profundamente nuestra, rica en matices, memoria y saber hacer. En ese recetario no escrito, elaborado sin precisar medidas y con alma, el hinojo no era un capricho aromático, sino una base: una planta que crecía silvestre en muchas zonas del sur y que la comunidad gitana recogía directamente del campo, sin necesidad de cultivarla ni comprarla. Cocina de raíz, en todos los sentidos.

Yo descubrí el hinojo en una ensalada siciliana con naranja, y ya entonces me fascinó su sabor anisado. Pero fue al probarlo en sofritos cuando se me abrió un mundo. En esta receta lo cocino con cebolla y anís estrellado para potenciar aún más ese fondo especiado, casi balsámico, y lo dejo que se mezcle con la dulzura de la calabaza y la suavidad de la patata.

El resultado es una crema que no viene a cambiar el mundo, pero sí a recordarnos que merece la pena mirar hacia donde nunca hemos mirado. Porque a veces los ingredientes más humildes, cuando se les da espacio, y se les dedica tiempo y respeto, brillan más que cualquier topping de moda.

INGREDIENTES PARA 4 PERSONAS
500 g de calabaza tipo cacahuete, 1 bulbo de hinojo, 1 patata, 1 cebolla, 2 estrellas de anís, 2 cucharadas de aceite de oliva virgen extra, 600 ml de caldo de verduras, 2 cucharadas de mantequilla, sal y pimienta al gusto.

ELABORACIÓN

Corta el hinojo en láminas finas (reserva las hojitas verdes, si las tiene, para decorar al final). Pela y pica la cebolla. En una cazuela, calienta el aceite y sofríe el hinojo y la cebolla junto con las estrellas de anís durante unos diez o doce minutos a fuego medio-bajo, hasta que estén bien pochados y empiecen a caramelizar.

Añade la calabaza y la patata troceadas, remueve un par de minutos y cubre con el caldo. Salpimenta al gusto y cocina con la cazuela tapada durante veinte minutos, o hasta que la calabaza esté tierna.

Retira las estrellas de anís, añade la mantequilla y tritura hasta obtener una crema suave.

Topping sugerido: unas hojas de hinojo fresco picado y un chorro de aceite de oliva.

Crema de calabaza y coliflor

Hay combinaciones que, sobre el papel, no parecen tener mucho sentido. Coliflor y calabaza, por ejemplo. Una es blanca, neutra, discreta; la otra, dulce, vibrante, extrovertida. Una aporta cuerpo; la otra, sabor. No parece una pareja destinada a entenderse... Sin embargo, juntas funcionan. Se equilibran. Se acompañan. Se transforman.

Pasa lo mismo con ciertas historias de amor que desafían lo establecido. Como la de Paul Newman y Joanne Woodward. Él, icono de Hollywood, mirada azul imposible. Ella, menos mediática pero igual de brillante. Se enamoraron sin escándalos y construyeron una vida juntos que duró más de medio siglo. Se admiraban, se respetaban, se hacían mejores. En un mundo de amores fugaces, ellos apostaron por la complicidad a fuego lento.

Esta crema también es así. No es una historia de pasión arrebatada, sino de armonía. La calabaza pone el dulzor y el color. La coliflor, el cuerpo y la suavidad. Una da, la otra sostiene. Como esas parejas que, con el tiempo, se entienden sin hablarse.

Yo, que soy una romántica empedernida, no puedo evitar emocionarme estas combinaciones. Las que no gritan, pero permanecen. Las que no necesitan grandes adornos para ser inolvidables. Como Paul y Joanne. Como la calabaza y la coliflor. Como Denis y yo.

No es una receta de grandes aspavientos. Es sencilla, reconfortante y perfecta para esos días en los que no quieres complicarte, pero sí cuidarte. De las que haces con lo que tienes en la nevera y, aun así, te sorprenden.

INGREDIENTES PARA 4 PERSONAS
*400 g de calabaza, 300 g de coliflor
en ramilletes, 1 cebolla, 1 diente de ajo,
1 cayena, 2 cucharadas de aceite
de oliva virgen extra, 600 ml de caldo
de verduras, 50 g de queso crema,
½ cucharadita de tomillo seco,
20 g de queso curado, sal.*

ELABORACIÓN

Pica la cebolla y el ajo. Sofríelos en una cazuela con un chorrito de aceite de oliva y la cayena durante unos tres minutos a fuego medio. Añade la calabaza y la coliflor troceadas, rehoga un par de minutos más y luego incorpora el caldo.

Cocina a fuego medio durante media hora, con la cazuela tapada, hasta que las verduras estén tiernas. Añade el queso crema, un poco de tomillo y el queso curado rallado, y tritura todo hasta obtener una crema fina.

Topping sugerido: unos dados de calabaza salteados con pimentón.

Crema suprema

El *naming* lo es todo. Podría haberla llamado crema de calabaza, boniato y setas, que es lo que es, pero no sería lo mismo. No habría despertado tanta curiosidad ni tantas ganas de probarla. Porque esta receta no nace con vocación de título rimbombante, sino de la improvisación total y absoluta. La preparé una tarde cualquiera para cenar con lo que tenía por casa, sin pensar demasiado. Pero, al probarla, supe que había pasado algo especial.

No quiero generar *hype* (bueno, venga, un poco sí), pero voy a decirlo: esta es, probablemente, la mejor crema de verduras que vas a probar. Tiene dulzor, tiene profundidad, tiene umami, tiene cuerpo. Y hace una combinación poco habitual que la convierte en especial. En un mundo donde ya casi todo está inventado, Ferran Adrià decía que la innovación absoluta es muy rara. Que lo nuevo suele ser una combinación distinta de elementos ya conocidos: técnicas, ingredientes, formas de servir. Él, que revolucionó la cocina en elBulli, nunca renegó de la tradición; al contrario, la transformó, la reinterpretó, la descolocó.

Así que no, no voy a decir que he inventado esta crema. Quizá alguien ya mezcló estos sabores antes, quizá hasta la llamó igual, pero aquel día, en mi cocina, sin buscarlo, nació para mí. Y desde entonces tiene un lugar muy especial en mi recetario, por cómo huele, por cómo reconforta y porque a veces, sin planearlo, sale algo redondo. Algo supremo.

INGREDIENTES PARA 4 PERSONAS:

150 g de calabaza, 1 boniato mediano, 1 cebolla, 1 diente de ajo, 200 g de setas shiitake frescas, 2 cucharadas de aceite de oliva virgen extra, 500 ml de agua, sal y pimienta al gusto.

ELABORACIÓN

Pela y pica la cebolla y el ajo. En una cazuela amplia, sofríelos con un poco de aceite y una pizca de sal durante unos ocho o diez minutos, hasta que estén doraditos.

Añade la calabaza y el boniato pelados y cortados en trozos, y las setas *shiitake* también troceadas. Rehoga todo junto un par de minutos más y vierte el agua. Cocina a fuego medio durante veinte minutos, o hasta que las verduras estén tiernas.

Tritura bien hasta obtener una textura fina y sedosa. Ajusta de sal y pimienta.

Topping sugerido: unas setas *shiitake* salteadas.

Crema florentina de espinacas

Lleva el apellido «florentina» porque en la cocina clásica todo lo que incluye espinacas y un toque lácteo suele rendir homenaje a Florencia. Esa Florencia renacentista, de mármol, ópera y mantequilla, donde las verduras no se hervían sin más, sino que se trataban con respeto y mimo. Dicen que fue Catalina de Médici quien se llevó esta combinación bajo el brazo, como parte de su ajuar gastronómico, cuando se casó con Enrique II de Francia. Pero esta crema no necesita palacios ni tronos para brillar.

Basta con unas espinacas frescas, un buen caldo casero y una base de mantequilla y cebolla bien pochada para levantar una crema sedosa, cálida, que reconforta sin empalagar. Y si encima la coronas con un huevo poché, de esos que sueltan la yema como si fuera oro líquido, tienes un plato digno de celebración.

Eso sí, no te fíes de las espinacas. A simple vista parecen muchas —una bolsa de 300 g puede ocupar medio cajón de la nevera—, pero, en cuanto las pasas por la sartén..., plof, se quedan en nada. Decía una amiga mía que son como algunos exnovios: prometen mucho, parecen intensos, comprometidos, que van a llenar tu vida de verde y alegría y..., al final, se desinflan a la primera de cambio. Un puñadito triste que no es ni la sombra de lo que fue.

Por suerte, cuando las tratas bien y las rodeas de ingredientes que las acompañan con cariño, se redimen. Y esta crema es la prueba. Una receta que convierte lo poco en mucho. Que viste de gala lo humilde. Y que, a diferencia de ciertos amores del pasado, no decepciona.

INGREDIENTES PARA 4 PERSONAS
400 g de espinacas frescas, 1 cebolla, 1 diente de ajo, 3 cucharadas de mantequilla, 1 patata, 600 ml de caldo de pollo, 100 ml de nata líquida, sal y pimienta negra al gusto.

ELABORACIÓN

Pela y pica la cebolla y el diente de ajo. En una cazuela amplia, derrite la mantequilla y sofríelos con una pizca de sal durante unos diez minutos, hasta que estén bien pochados. Añade la patata pelada y cortada en trozos, cubre con el caldo y cocina durante quince minutos más, o hasta que la patata esté tierna.

Incorpora las espinacas y cocina otros tres o cuatro minutos, lo justo para que se ablanden sin perder el color. Añade la leche o nata, retira del fuego y tritura hasta obtener una crema suave y sedosa. Ajusta de sal y pimienta.

Topping sugerido: huevo poché.

Crema de brócoli y cheddar

El brócoli tiene esa reputación de verdura modélica: verde, saludable, llena de fibra, vitamina C y sensación de deber cumplido. Es esa que imaginas en el plato de una madre británica que intenta que sus hijos coman sano. Pero el cheddar..., ay, el cheddar no ha corrido la misma suerte. Lo hemos visto arrastrarse por menús de *fast food* convertido en tranchetes plastificados, en salsas color flúor para nachos o fundido en hamburguesas de batalla donde lo último que importa es el queso. Y, sin embargo, el cheddar auténtico existe. Y es glorioso.

Proviene de Inglaterra, de un pueblecito llamado —cómo no— Cheddar, en el condado de Somerset. Allí todavía se elabora de forma artesanal, con leche de vaca, rica y cremosa, y a menudo se tiñe con achiote, una semilla rojiza que le da ese color anaranjado tan característico. El buen cheddar huele a bodega, a nuez, a campo húmedo, y tiene un sabor que merece ser reivindicado.

La primera vez que pisé suelo británico esperaba encontrarme con este queso. Fue durante un intercambio. Yo tenía quince años y fui a un pueblo costero de postal llamado Torquay. Me alojaron en un adosado con moqueta hasta en el baño y, gastronómicamente, tuve mala suerte: la familia que me acogió no era seguidora de Jamie Oliver que digamos. Sobreviví a base de sándwiches de queso que no era cheddar artesano, lonchas de pepino húmedo y un embutido misterioso que aún hoy no me atrevo a identificar. Las cenas no eran mucho mejores: brócoli cocido sin gracia ni aliño, y poco más. Pero sobreviví, gracias al té, a la paciencia, a las nuevas amistades y a las ganas de volver a casa.

Por eso esta receta me hace especial ilusión: porque reconcilia a dos grandes incomprendidos de mi adolescencia —el brócoli y el cheddar— y los devuelve al lugar que merecen. Junto con el apio y un buen caldo de pollo, dan forma a una crema suave con ese punto *british* tan acogedor. Una de esas que te calientan por dentro y te hacen pensar: «Igual Inglaterra no estaba tan mal. Solo faltaba una batidora... y un poquito más de mimo».

INGREDIENTES PARA 4 PERSONAS

300 g de brócoli, 1 rama de apio, 1 cebolla,
5 cucharadas de mantequilla, 40 g de harina,
500 ml de caldo de pollo, 500 ml de leche,
200 g de cheddar, sal, pimienta.

ELABORACIÓN

Derrite la mantequilla en una cazuela grande a fuego medio. Añade la cebolla picada y sofríe durante unos cinco minutos, hasta que esté transparente. Incorpora la harina y cocina un par de minutos más, removiendo bien, para formar un *roux* suave.

Vierte el caldo poco a poco, sin dejar de remover con unas varillas, y salpimenta generosamente. Añade el apio y el brócoli, sube el fuego hasta que hierva y luego bájale a medio-bajo para cocinar otros quince minutos, hasta que las verduras estén tiernas.

Incorpora la leche y mantén la mezcla en el fogón dos o tres minutos más, hasta que la crema espese ligeramente (debe napar el dorso de una cuchara, pero seguir siendo fluida). Retira del fuego e incorpora el cheddar rallado en tandas, removiendo bien para que se vaya fundiendo el que has puesto antes de añadir más. Tritura, prueba y ajusta de sal y pimienta, y sirve.

Topping sugerido: un poquito de brócoli salteado y queso cheddar rallado.

Crema de puerros

Al primer jefe que tuvo mi madre le llamaban Porru —«puerro» en euskera— porque, al parecer, de joven era alto, espigado y blanquito. Nunca supe si también tenía el pelo despeinado, pero me lo imagino como uno de esos puerros con las hojas que se escapan del manojo: torcidos, pero nobles. Con el tiempo, Porru se convirtió en amigo de la familia, de los que se cuelan en la mesa y se quedan en la memoria. Igual que el ingrediente que le dio su apodo.

El puerro siempre está ahí, en el fondo de la cazuela, cumpliendo su función en algún sofrito. Un actor secundario que levanta escenas sin llevarse ni un aplauso. Pero en esta receta vamos a hacerle justicia. Vamos a dejarle el escenario para él solo.

En Gales, ya lo entendieron hace siglos. Allí el puerro no es solo una hortaliza: es un símbolo nacional. Se cuenta que, en plena batalla contra los sajones, los soldados galeses se pusieron puerros en los cascos para distinguirse en el combate. Se convirtió entonces en emblema patriótico y todavía hoy se lleva con orgullo cada 1 de marzo, en el Día de San David.

No sé si esta receta te convertirá en héroe o heroína nacional, pero sí te puedo prometer que está buenísima. Porque cuando el puerro deja de servir de apoyo y se luce en solitario, con un poco de cebolla, patata y un buen aceite de oliva, lo que sale es una crema suave, delicada y honesta. Como Porru. Como las cosas que no hacen ruido, pero lo cambian todo desde dentro.

INGREDIENTES PARA 4 PERSONAS

3 puerros gruesos, 1 cebolla, 1 patata, 500 ml de agua o caldo, 3 cucharadas de aceite de oliva virgen extra, sal al gusto.

ELABORACIÓN

Lava bien los puerros, retirando la parte verde oscura y la primera capa, y córtalos en rodajas finas. Pela y pica la cebolla. Pela también la patata y córtala en dados.

En una cazuela, calienta el aceite de oliva y sofríe la cebolla y el puerro con una pizca de sal durante unos diez minutos, hasta que estén bien blanditos. Añade la patata, mezcla un minuto y cubre con el caldo o agua. Ajusta de sal.

Tapa y cocina a fuego medio durante veinte minutos o hasta que la patata esté tierna. Tritura hasta obtener una crema suave. Si te gusta que la textura sea más fluida, simplemente añade un poco más de líquido.

Topping sugerido: unos bastoncitos de puerro frito crujiente.

Crema de porrusalda

Pocos platos recuerdan tanto a casa como una buena porrusalda. Clásico entre los clásicos de la cocina vasca, su nombre ya lo dice todo: *porru* (puerro) y *salda* (caldo). No necesita más. Es un guiso humilde, sabroso, de esos que reconfortan cuando fuera llueve y hace frío. Vamos, casi todo el año aquí.

Yo la preparo igual que mi *amama* Juani: sencilla, sin florituras, con cariño y sin prisas. A sus noventa y cuatro años, ella todavía la hace. Siempre dice que en la guerra no pasó hambre porque su madre —la *amama* María Beltza— cuidaba la huerta de los curas del pueblo. A cambio, le daban una parte de la cosecha para alimentar a su familia. Frente a las huertas surtidísimas de hoy, donde hay hasta *pak choi* y *kale*, en las del Arrasate de los años treinta lo que predominaba era el puerro. Mucho puerro. Y con eso tiraban.

En esta versión de la porrusalda, lo que hago es triturarla. Sí, lo que tradicionalmente se serviría con cuchara, pan y paciencia, aquí se convierte en una crema sedosa, caliente y muy de aquí, aunque con otro aspecto. Porque hay platos que no necesitan reinventarse, solo cambiar de forma para seguir contando lo mismo: historias de abuelas, de huertas, de inviernos largos y de cucharas que curan. Una crema con sabor de casa.

INGREDIENTES PARA 4 PERSONAS

3 puerros gruesos, 2 zanahorias, 2 patatas medianas, 100 g de calabaza, 1 l de agua o caldo suave de verduras, 3 cucharadas de aceite de oliva virgen extra, sal al gusto.

ELABORACIÓN

Lava bien los puerros y córtalos en rodajas finas. Pela las zanahorias, las patatas y la calabaza (si la usas), y trocea todo en pedazos medianos.

En una cazuela, calienta el aceite y sofríe los puerros con una pizca de sal durante diez minutos a fuego medio-bajo. No tengas prisa, dales tiempo para que se pongan muy tiernos y empiecen a dorarse ligeramente. Añade el resto de las verduras, mezcla bien y cubre con el agua o caldo.

Cocina a fuego medio durante unos veinticinco o treinta minutos, hasta que todo (insisto) esté muy tierno. Tritura con la batidora hasta obtener una crema suave y fina.

Topping sugerido: unas lascas de bacalao ahumado.

Vichyssoise

Una crema con mucha clase..., pero con bastante confusión a su alrededor. Seguro que te ha chocado verla en la sección de cremas calientes y no entre las frías. Y me apuesto un picatoste a que también crees que es de origen francés. Pues... *plot twist*: la *vichyssoise*, esa crema sedosa de puerro, patata y nata, nació en Estados Unidos.

Fue el chef Louis Diat quien la popularizó en el Ritz-Carlton de Nueva York a principios del siglo XX. Él era francés, sí, pero su golpe maestro fue neoyorquino. Se inspiró en los veranos de su infancia en Montmarault, un pueblo del centro de Francia, donde su madre aligeraba las sopas calientes con un chorrito de leche fría cuando llegaba el calor. Esa imagen —la cuchara humeante, el cuenco de loza, el frescor de la leche cayendo sobre la sopa— se le quedó grabada. Así, años más tarde, en pleno agosto neoyorquino, decidió hacer lo mismo..., pero a lo grande. Refinó la receta, añadió nata, la enfrió bien y la sirvió en copa. *Et voilà*: había nacido la crema más chic del verano. ¿Y por qué ese nombre, *vichyssoise*? Porque Vichy estaba cerca de su pueblo natal y, según él, sonaba elegante.

En ese momento, nadie podía prever que años después, durante la Segunda Guerra Mundial, la localidad se convertiría en la sede del Gobierno colaboracionista con los nazis. Resultado: el nombre dejó de sonar tan fino y muchos franceses empezaron a fingir que la crema no existía. «¿*Vichyssoise*? No, no, eso será cosa de los americanos», decían mientras cambiaban de tema y se servían un consomé.

Pero la confusión no termina ahí. ¿Es una sopa caliente o una crema fría? Técnicamente, las dos cosas. Aunque Diat la sirvió fría por aquel ambiente veraniego y de lujo, su base —puerro, patata, mantequilla, caldo— es la misma que la de cualquier sopa reconfortante de invierno. Así que si te apetece calentarla, adelante, que no te intimide su nombre francés ni su pasado hotelero: nadie va a venir con una boina a sancionarte.

En resumen: es una receta con nombre de emperatriz, alma de madre francesa, acento neoyorquino y vocación internacional.

3 puerros gruesos, 2 patatas medianas, 1 cebolla dulce, 2 cucharadas de mantequilla, 250 ml de leche entera, 1 l de caldo de pollo, 100 ml de nata líquida, 1 pizca de nuez moscada, sal y pimienta negra al gusto.

ELABORACIÓN

Limpia bien los puerros, pela las patatas y la cebolla, y corta todo en rodajas o trozos finos. En una cazuela amplia, funde la mantequilla a fuego medio y añade las verduras. Pocha lentamente durante unos diez o doce minutos, sin prisas, evitando que cojan color.

Añade la leche, remueve y vierte el caldo caliente. Salpimenta al gusto y deja cocer durante media hora a fuego medio y sin tapar, hasta que todo esté bien tierno.

Retira del fuego, añade la nata y una pizca de nuez moscada. Tritura hasta obtener una crema fina y sedosa.

Topping sugerido: cebollino picado y, si quieres rebelarte un poco, unas virutas de jamón crujiente. Viva la herejía.

Crema de setas

El 14 de diciembre de 2024 me casé con el amor de mi vida. De todo lo que rodea una boda — invitados, flores, *playlist* para el fiestón—, nada me generó tantas dudas como elegir el menú perfecto. Tenía clarísimo el vestido, el sitio y el novio (LOL), pero la comida... Me atasqué. Me costaba encontrar algo que gustase a todo el mundo y que fuera especial. Porque, claro, ese día no te vale cualquier cosa: quieres sorprender, emocionar y alimentar bien.

Al final, como entrante, nos decantamos por una vieira con base de crema de coliflor y crujiente de jamón por encima, aunque estuvimos muy tentados de abrir el banquete con una crema de boletus que nos sirvieron durante la prueba del menú y que nos enamoró. No la elegimos finalmente porque —aquí viene la ironía— pensamos que la gente no iba a valorar «un puré». Lo sé. Yo, la reina de las cremas, yo, que estoy escribiendo un libro entero dedicado a ellas, descartando una porque «igual no luce lo suficiente en una boda».

Pero bueno, aquí está, rescatada y reivindicada. Porque la crema de setas tiene algo elegante, cálido, casi ceremonial. Es ideal para una cena especial, para una mesa bonita de Navidad, incluso para arroparte un domingo por la noche cuando necesitas sabor del bueno. Y lo mejor es que ni siquiera necesitas boletus frescos ni irte al monte con una cesta de mimbre. Puedes hacerla con las setas que tengas a mano: las de cardo o las *shiitake* tienen muchísima profundidad de sabor y se encuentran fácilmente en cualquier tienda. ¿Champiñones? Sí, también valen, aunque no juegan en la misma liga; mejor como acompañantes que como protagonistas.

Porque hay cremas para el día a día... y luego está esta. La que casi fue la crema de mi boda. Y eso ya es decir mucho.

INGREDIENTES PARA 4 PERSONAS
400 g de setas variadas (boletus, shiitake,
cardo...), 1 cebolla, 1 diente de ajo, 1 patata,
2 cucharadas de mantequilla, 600 ml de caldo
de pollo, 100 ml de nata líquida, sal
y pimienta negra al gusto.

ELABORACIÓN

Pela y pica la cebolla y el ajo. Limpia bien las setas y trocéalas. Pela también la patata y córtala en dados.

En una cazuela amplia, calienta la mantequilla o el aceite y sofríe la cebolla y el ajo durante unos ocho o diez minutos a fuego medio, hasta que estén blandos y empiecen a dorarse. Añade las setas y saltea cinco minutos más para que pierdan el agua y se doren un poco.

Incorpora la patata, salpimenta y cubre con el caldo caliente. Cocina a fuego medio durante otros veinte minutos. Puedes apagar el fogón cuando la patata esté tierna.

Tritura hasta obtener una crema fina. Añade la nata si la usas, ajusta de sal y pimienta y mezcla bien.

Topping sugerido: un huevo poché, un chorrito de nata, unas setas salteadas...

Crema de
champiñones y pollo

¿Quién dijo que las cremas solo podían ser de verduras? Es verdad que estamos más acostumbrados a que lleven calabaza, espinacas o zanahorias y a que, a veces, en versiones más festivas, se cuelen las legumbres o el marisco. Pero cuando se trata de carne, parece que dejamos de triturarla en cuanto el comensal cumple los dos años. Como si, a partir de ese momento, comer pollo a cucharadas fuera sinónimo de enfermedad... o de volver a la papilla (quien no haya hecho Baby-Led Weaning...).

Pues sí, esta crema es como una papilla. Y lo digo en el mejor de los sentidos, porque está buenísima, es completa, reconfortante y saludable. Lleva champiñones, cebolla, pollo cocido y un buen caldo casero. Ingredientes sencillos que, con un golpe de batidora, se transforman en una propuesta sedosa, sabrosa, de esas que apetecen cuando no tienes ganas de pensar demasiado, pero sí de comer bien.

A veces pienso en cómo seré cuando me convierta en tía. Imagino un futuro no tan lejano con mis sobrinos correteando por casa —mi hermano aún no tiene hijos, pero yo ya estoy deseando que lleguen— y yo ejerciendo, claramente, de tía favorita. Daré una de cal y otra de arena: una papilla nutritiva para comer, una pizza casera para cenar, y de postre, risas. Seré madre antes que tía, y sospecho que este plato me va a venir fenomenal.

INGREDIENTES PARA 4 PERSONAS

350 g de pechuga de pollo, 400 g de champiñones frescos, 1 cebolleta, 1 puerro, 2 patatas, 3 cucharadas de aceite de oliva virgen extra, 100 ml de vino blanco, 750 ml de agua o caldo de pollo, sal y pimienta al gusto.

ELABORACIÓN

Lamina los champiñones, corta el puerro en rodajas finas y la cebolleta en medias lunas. Trocea el pollo en tiras o dados pequeños y pela y corta las patatas por la mitad o en trozos medianos.

En una cazuela amplia, añade un buen chorro de aceite de oliva y, cuando esté caliente, pocha la cebolleta con una pizca de sal durante siete minutos a fuego medio. Agrega el puerro y cocina cinco minutos más, removiendo de vez en cuando.

Incorpora los champiñones, mezcla bien y cocina otros diez minutos. Mientras tanto, salpimenta el pollo y añádelo a la cazuela cuando los champiñones estén blandos. Sigue removiendo durante un par de minutos, hasta que el pollo cambie de color.

Vierte el vino blanco y sube el fuego un par de minutos para que el alcohol se evapore. Incorpora las patatas, baja a fuego medio y remueve bien. Cinco minutos más tarde, añade el agua y la pastilla de caldo. Déjalo cocer durante unos veinte minutos, hasta que las patatas estén tiernas.

Tritura bien con la batidora hasta obtener una crema fina y homogénea.

Topping sugerido: unos picatostes de ajo.

Crema de guisantes

Hay algo en los guisantes que siempre me ha dado alegría. Será el color, la forma redondita o que anuncian la primavera. O quizá es que me recuerdan a cuando era pequeña y ayudaba a mi *ama* y a mi *amama* a desgranarlos en la cocina, una vaina tras otra, mientras hablábamos de cosas banales y todo parecía más sencillo.

Y luego está el cuento de 1835 que tantas veces me contaron de niña. El de la chica que llega empapada a un castillo en mitad de una tormenta y dice que es una princesa. La reina, para comprobarlo, esconde un guisante bajo veinte colchones y veinte edredones de plumas. A la mañana siguiente, la joven se queja de un bulto incómodo que no la dejó dormir y..., *voilà*, confirma su linaje. Solo una princesa auténtica podría tener la piel tan fina como para notar algo así.

Yo, desde luego, no habría pasado la prueba. Duermo como un tronco: con ruido, luz y hasta en el hombro de un desconocido en el bus Donosti-Bilbo. Pero, oye, que si en vez de esconder el guisante lo ponen en la sartén, igual la historia cambia. A la reina me la ganaría con unos guisantes de temporada salteaditos con cebolla y jamón... o con esta crema tan rica, ligera y sedosa, que se prepara en un momento y sabe a campo, a sol y a primeras tardes de calor.

En mi versión del cuento, el guisante no va debajo del colchón, sino directo a la batidora. Y en vez de títulos nobiliarios, lo que se gana son una cuchara humeante y el respeto eterno del palacio.

INGREDIENTES PARA 4 PERSONAS

750 g de guisantes congelados (o frescos, si tienes suerte), 1 cebolla, 1 diente de ajo, 100 ml de vino blanco, 750 ml de caldo de verduras o agua, 4 cucharadas de aceite de oliva, sal y pimienta al gusto.

ELABORACIÓN

Pica la cebolla y el ajo. En una cazuela, sofríe el ajo un par de minutos y añade luego la cebolla, salpimenta y deja que se cocine lentamente durante quince o veinte minutos, hasta que esté bien pochada.

Vierte el vino blanco, sube el fuego y deja que se evapore. Añade los guisantes y saltéalos a fuego vivo durante un par de minutos, lo justo para que cojan temperatura sin perder su color.

Agrega el caldo o agua y lleva a ebullición. En cuanto rompa a hervir, apaga el fuego para no pasarte de cocción (los guisantes lo agradecen). Tritura la mezcla con batidora o robot hasta conseguir una crema fina y vibrante.

Topping sugerido: queso fresco de cabra desmigado y unas hojas de menta picada. O, si quieres algo más clásico, un chorrito de nata y crujiente de jamón.

Crema de espárragos blancos

Todos tenemos una verdura fetiche y quien me conoce sabe que la mía son los espárragos blancos frescos. No hay comparación posible entre los de conserva —que, oye, te hacen un apaño— y los que se cocinan en casa, recién pelados. En serio: es otro mundo. Suelo estar esperando con la ilusión de una niña a que llegue abril y empiecen a asomar en la verdulería, tiesos, hermosos, un poco desafiantes, como diciendo «A ver qué haces con nosotros este año».

Casi siempre los preparo de la misma manera, porque, cuando algo funciona, cuesta salirse del guion. Los hiervo con mimo y los sirvo templados, con huevo cocido y un buen chorro de aceite de oliva virgen extra. Así, sin florituras. Soy una pesada, lo sé, pero es que soy una mujer de costumbres.

Sin embargo, un día, cocinando en casa de mi madre, me dio por improvisar. Preparé unos espárragos a la plancha —con ese dorado tentador que les queda cuando

se tuestan bien— y los serví sobre una salsa cremosa...
también de espárrago. Estaba tan rica que pensé: «Esto
tiene futuro». Y aquí estamos: la salsa ha crecido, ha ganado textura, cuerpo y protagonismo, y se ha convertido
en esta crema fina, elegante y absolutamente deliciosa.

Eso sí, tengo que compartir un truco técnico importante. A no ser que tengas un robot potente y cueles la
mezcla después, no uses los tallos. Son fibrosos y su textura puede estropearte la experiencia. Pero quédate
con las partes más tiernas y verás qué crema. Pura primavera en cuchara.

INGREDIENTES PARA 4 PERSONAS
*500 g de espárragos blancos frescos, 1 cebolla,
1 patata, 2 cucharadas de aceite de oliva virgen
extra, 600 ml de agua, 100 ml de nata,
sal y pimienta al gusto.*

ELABORACIÓN

Limpia los espárragos. Pélalos con cuidado desde la
parte inmediatamente inferior de la yema hacia el ta-

llo y quita la parte fibrosa (resérvala si vas a hacer caldo). Corta las yemas y la parte tierna de los tallos en trozos.

Pela y pica la cebolla y la patata. En una cazuela, sofríe la cebolla con el aceite y una pizca de sal durante unos diez minutos, hasta que esté bien pochada. Añade los espárragos y la patata, saltea un par de minutos y cubre con el caldo caliente.

Cuece durante quince o veinte minutos a fuego medio, hasta que los espárragos estén tiernos. Retira del fuego, añade la nata y tritura muy bien. Si la crema no queda del todo fina, pásala por un colador o chino.

Topping sugerido: tartar de salmón o unas yemas de espárrago blanco a la plancha.

Crema de maíz

En una casa siempre se come al gusto de quien cocina. Yo, por ejemplo, pasé años sin probar los mejillones porque mi santa madre —que era la que mandaba en los fogones— no los podía ni ver. Ahora que soy yo quien empuña la cuchara de madera, me pasa algo parecido... con el maíz.

No puedo con él. Nunca he podido. Tiene un dulzor que me desconcierta, una textura que no termino de entender y una costumbre bastante molesta de colarse en todas las ensaladas del verano. Durante mucho tiempo pensé que no había manera de reconciliarnos. Hasta que el destino (y el amor) hizo que me casara con alguien que lo adora. Y, claro, tuve que replantearme cosas.

Porque la verdad es que no odio el maíz en sí. Me he criado entre talos y morokiles, platos de toda la vida hechos con su harina que formaron parte del día a día de muchos caseríos. El maíz, aunque no sea autóctono, lleva siglos entre nosotros. Se aclimató a la lluvia, a los valles húmedos y al carácter vasco con tanto desparpajo que hoy parece de aquí.

La crema que te presento no tiene nada que ver con aquella cocina tradicional. No se parece ni al talo ni al morokil. No es un plato de campo, sino una reinterpretación moderna y suave que aprovecha ese dulzor natural del maíz cocido que tanto le gusta a Denis. Esta receta va para él. Porque, a veces, el amor no solo te hace cambiar de opinión..., también te enseña a saborear lo que antes no sabías.

Si tú eres de esas personas que apartan los granos amarillos en la ensalada, pero se lanzan de cabeza a por las palomitas, dale una oportunidad. Siempre es buen momento para empezar de cero. Y hasta puedes cogerle cariño.

INGREDIENTES PARA 4 PERSONAS
*400 g de maíz dulce en conserva,
1 cebolleta, 2 dientes de ajo, 700 ml de agua
o caldo de verduras, 2 cucharadas de levadura
nutricional (opcional, pero le da un saborcito
umami muy interesante), ½ cucharadita*

de cúrcuma en polvo, 2 cucharadas
de aceite de oliva virgen extra,
sal y pimienta al gusto.

ELABORACIÓN

Pela y corta la cebolleta y los ajos. En una cazuela, calienta el aceite y sofríelos a fuego medio durante seis o siete minutos, hasta que la mezcla esté blandita y huela de maravilla.

Añade el maíz dulce escurrido y rehoga cinco minutos más para que coja sabor. Incorpora el caldo caliente, la cúrcuma, la levadura nutricional (si la usas) y salpimenta al gusto.

Tritura todo a máxima potencia hasta obtener una crema fina, dorada y ligera.

Topping sugerido: unos kikos tostados.

Crema de lechuga

En octubre de 2022, el periódico británico *Daily Star* decidió lanzar una pregunta al aire —y a internet—: ¿aguantaría más tiempo una lechuga iceberg que la primera ministra Liz Truss en el cargo? Colocaron una webcam apuntando a una lechuga real, con peluca rubia incluida, y esperaron. El resultado fue digno de una sátira política: ganó la lechuga. Y se convirtió en símbolo de resistencia... vegetal.

No está mal para una verdura que siempre ha tenido fama de frágil. Porque, seré sincera, ¿quién se imaginaría hacer una crema de lechuga? Suena raro. La lechuga ha crecido convencida de que su destino era la ensalada: siempre en crudo, siempre de acompañamiento, siempre la primera en pocharse en el cajón de las verduras.

Pero no, amigas y amigos. Resulta que, con un poco de mimo, una base sabrosa y un poco de cocción, la lechuga puede convertirse en una crema ligera, delicada y, sobre todo, sorprendente. Ideal para esos días en los que apetece algo suave pero reconfortante. Y perfecta para rescatar esos cogollos que ya no están para presumir en el bol, pero que todavía tienen algo que decir.

Porque sí, hasta la más olvidada de las hojas puede ser protagonista si le das su momento. Que se lo digan a la lechuga del *Daily Star*. O a la de tu nevera, que lleva días esperando su oportunidad.

INGREDIENTES PARA 4 PERSONAS
1 lechuga grande, 1 cebolla, 2 patatas,
1 zanahoria, 1 rama de apio, 1 l de caldo
de pollo, 100 ml de nata líquida,
½ cucharadita de nuez moscada,
3 cucharadas de aceite de oliva virgen extra,
sal al gusto.

ELABORACIÓN

Pela la cebolla y córtala en daditos. En una cazuela, calienta el aceite y sofríela con una pizca de sal durante cinco minutos, hasta que esté blandita. Mientras tanto, pela las patatas y córtalas en trozos irregulares (si en lugar de cortarlas enteras con el cuchillo, las rompes al final, soltarán más almidón).

Añade las patatas al sofrito y cocina un par de minutos más. Lava bien las hojas de lechuga, escúrrelas, trocéalas e incorpóralas a la cazuela. Vierte el caldo, ajusta de sal y cocina durante veinte minutos desde que empieza a hervir.

Tritura todo hasta obtener una crema fina y ligera. Incorpora la nata y la nuez moscada, mezcla bien y ajusta de sal si es necesario

Topping sugerido: un chorrito de aceite, en plan minimalista.

Crema de ajo

Mi *aitaita* Fernando nació en un pueblito de Valladolid llamado Villalbarba. Allí vivió de pequeño en una casa que, además de hogar, era el horno del pueblo. Años más tarde, cuando pudo reformarla, la rebautizó como La Panera y mandó poner *lauburus* en las contraventanas de madera como homenaje a la tierra que lo acogió a los catorce años. Porque sí, con catorce años —¡catorce!—, cogió su bicicleta, unas pocas monedas y pedaleó hasta la capital para subirse a un tren rumbo a Bilbao, donde le sonaba que vivían unos familiares.

Los caprichos del destino quisieron que aquel moreno guapo y valiente acabara en un pueblito gipuzkoano tan pequeño como es Arrasate, que se casara con mi *amama* Tere y que, años después, fuese mi *aitaita*.

Siempre se manifestó orgulloso de sus raíces castellanas, pero estaba enamorado de Euskadi. Se sentía de los dos sitios, y quizá por eso cocinaba como lo hacía: con esa mezcla de orgullo, pasión y generosidad que solo tienen quienes han construido su hogar lejos de donde nacieron. Era un cocinero nato, de los que se lucen los fines de semana. Entre sus platos estrella, estaban el cordero al horno, el arroz caldoso (y picante) con conejo y, por supuesto, su queridísima sopa de ajo. La sopa castellana: la mejor que he probado nunca.

Esta crema es un guiño a esa receta. Una versión suavizada y sedosa que no se hace en cazuela de barro ni lleva pan del horno de Villalbarba, pero que conserva el alma de lo que él me enseñó: que la cocina es hogar, es memoria y es también un puente entre mundos. De Castilla a Euskadi. De Villalbarba a Arrasate. De él a mí.

INGREDIENTES PARA 4 PERSONAS
16 dientes de ajo, 2 l de agua,
2 cucharaditas de sal, 1 cucharadita
de pimienta negra molida, 2 clavos de olor,
2 hojas de salvia fresca, 2 ramitas de tomillo
(o ½ cucharadita de tomillo seco), 1 hoja de laurel,
4 ramas de perejil, 3 yemas de huevo,
60 ml de aceite de oliva suave.

ELABORACIÓN:

Antes de nada, un truco: pon agua en una cazuela y, cuando rompa a hervir, añade los dientes de ajo enteros y sin pelar. Mételos solo treinta segundos: es un truco para pelarlos más fácilmente. Enfríalos bajo el grifo y quítales la piel.

Vuelve a introducir los ajos ya pelados en la cazuela con los dos litros de agua. Añade también todas las hierbas aromáticas (salvia, tomillo, laurel, perejil), los clavos, la sal y la pimienta. Deja que hierva suavemente durante una media hora. El olor te va a transportar directo a una casa de campo provenzal, aviso.

Mientras el caldo hace su magia, ve preparando la base cremosa: en un bol grande (que será el destino final de la sopa), bate bien las yemas de huevo. Luego ve añadiendo el aceite poco a poco, casi gota a gota al principio, como si estuvieras montando una mayonesa ligera. Puedes usar varillas o una batidora eléctrica, lo importante es que emulsione.

Cuando el caldo esté listo, añade un cucharón al bol de la emulsión y mezcla con energía, para que las yemas no se cuajen. A continuación, cuela el resto del caldo directamente sobre esta mezcla, poco a poco, removiendo sin parar.

Puedes presionar los ajos contra el colador para extraer todo su jugo antes de desecharlos. La sopa resultante debe ser ligera pero sedosa, casi como una infusión cremosa de ajo y campo.

Topping sugerido: picatostes.

Crema
de alcachofas

Hay verduras que imponen respeto a quien nunca las ha cocinado. La alcachofa, por ejemplo. Verde, puntiaguda, armada como una flor guerrera. La ves en la verdulería —en otoño o en primavera, que son sus dos temporadas— y piensas: «Demasiado lío». Y sí, lo es..., un poco. Pero también es de esas verduras que, cuando les pillas el truco, te hacen sentir como una prestidigitadora del cuchillo.

Mi madre siempre decía que daba gusto ver comer a mi primo Eneko cuando íbamos de menú del día en familia. Con cuatro años, servilleta al cuello, cuchillo y tenedor bien cogidos y un plato de alcachofas frescas delante, como si estuviera en un club gourmet. Mientras yo me peleaba con los macarrones del menú infantil y me manchaba de tomate hasta las orejas, él pedía «cosas de adultos» y se las zampaba con una elegancia que ya la querría yo incluso ahora que he cumplido treinta y cuatro.

Eneko y yo nacimos en el noventa y crecimos casi como hermanos. Él comía como un señor; yo, como una niña de mi tiempo. Pero el gusto cambia, menos mal. Hoy, cada vez que cocino alcachofas, me acuerdo de aquel contraste: su paladar precoz y mi menú de batalla. Y pienso en lo que me habría perdido si no hubiera aprendido a quererlas.

Porque las alcachofas son sublimes y limpiarlas no es tan terrible como parece: requiere atención, un poco de maña y, si me apuras, un vídeo de YouTube con una buena explicación. A cambio, obtienes uno de los sabores más delicados y profundos de la huerta. Y en crema, ya ni te cuento.

Esta que te propongo es suave y elegante. Un pequeño homenaje a las alcachofas bien tratadas... y a quienes las han sabido valorar siempre.

INGREDIENTES PARA 4 PERSONAS
10 alcachofas, 2 cebollas, 2 puerros, 1 diente de ajo, 600 ml de caldo de verduras o agua, 4 cucharadas de aceite de oliva virgen extra, sal y pimienta negra al gusto.

ELABORACIÓN

Pica la cebolla, los puerros y el ajo. Sofríelos en una cazuela con aceite durante unos diez minutos. Mientras, limpia bien las alcachofas quitando las hojas duras, las puntas y parte del tallo. Trocea los corazones y añádelos al sofrito (da igual que se oxiden).

Remueve la mezcla un par de minutos, cubre con el caldo y cocina durante algo más de media hora a fuego medio. Tritura bien y pasa por un colador para eliminar fibras. Ajusta de sal y pimienta.

Topping sugerido: chips de alcachofa crujientes.

Crema de remolacha

La remolacha tiene algo especial cuando la incluyes en una crema de verduras. Le sale ese dulzor terroso, casi a madera mojada, que no se parece a nada más. Para algunos es amor a primera cucharada; para otros, una reconciliación tardía. Lo que está claro es que, bien cocinada, su presencia es un acierto absoluto.

Descubrí esta receta una primavera hojeando *Mamushka*, de Olia Hercules, uno de los libros de mi infinita colección gastronómica que me ayudan a viajar sin salir de la cocina. Olia es una chef ucraniana afincada en Londres con una sensibilidad brutal para contar historias, cocinar y fotografiar. A través de sus recetas y de sus recuerdos, me asomé por primera vez al mundo del *borsch*. Descubrí que no tenía nada que ver con la sopa roja y genérica que imaginaba. Era un universo. Un caldo espeso que podía llevar costillas, setas secas, cerezas agrias, eneldo fermentado o incluso pan líquido de centeno. Un plato moldeado por guerras, migraciones, abuelas testarudas y estaciones cambiantes.

Esta crema no pretende ser un *borsch*, pero le hace un guiño. Toma la remolacha como protagonista y la mezcla con otros ingredientes que también se han hecho un hueco en las cocinas de escasez, como raíces, frutas humildes, sofritos lentos, contrastes de sabores dulces y ácidos... Y aunque se sirva con yogur y manzana en lugar de con eneldo fermentado y pan de centeno, tiene algo de ese espíritu: el de cocinar con lo que hay, con cariño, con lo justo.

No hace falta tener raíces eslavas, ni una abuela ucraniana, ni haber fermentado un repollo para disfrutarla. Solo necesitas una cuchara... y un poco de curiosidad.

INGREDIENTES PARA 4 PERSONAS
3 remolachas frescas, 1 manzana, 1 patata,
2 zanahorias, 1 puerro, 1 cebolla,
600 ml de agua o caldo de verduras,
4 cucharadas de aceite de oliva virgen extra,
sal y pimienta al gusto.

ELABORACIÓN

Corta la cebolla y el puerro en medias lunas y ponlos a pochar en una olla con un buen chorrito de aceite. Mientras se van ablandando, trocea las zanahorias (también en medias lunas) y añádelas.

Cuando todo empiece a dorarse, incorpora la patata chascada, la manzana en dados grandes y las remolachas peladas y troceadas. Rehoga bien, salpimenta y cubre con el caldo de verduras.

Déjalo hervir durante media hora. Después, tritura hasta obtener una crema fina.

Topping sugerido: un poco de yogur y una manzana verde ácida en daditos.

Crema de col

No todos los viajes tienen que llevarte a lugares exóticos y lejanos. A veces, basta con mirar un poco hacia el sur, al otro lado del Ebro, para descubrir que cerquita de casa hay cocinas que son un verdadero espectáculo. La catalana, por ejemplo: sencilla y sabrosa, con ese punto de rusticidad elegante que enamora.

Hace poco estuve una semana en Barcelona y el Penedès invitada por Turismo de Catalunya y todavía no he terminado de procesar todo lo que descubrí allí. Qué riqueza. Qué manera de entender el producto y la estacionalidad. Se nota en cada plato, en cada bodega, en cada mercado.

Confieso que mientras escribo esta receta —embarazada y con antojos absurdos—, lo que más echo de menos de aquellos días no es ni el paisaje, ni el pan con tomate recién tostado, ni siquiera el arroz con marisco que tomé en Sitges. Es una buena copa de cava. De esas blancas, fresquitas y afrutadas que acompañan sin tapar y redondean cualquier bocado. Pero, bueno..., todo llegará.

Después del cava, lo que más me gustó fue el *trinxat*. Nunca lo había probado, y me pareció una genialidad: tan simple, tan sabroso, tan reconfortante. Como una cucharada de hogar.

Esta crema no es una receta catalana como tal, pero le debe mucho a esa tierra. Está inspirada en esas cocinas donde las cosas se hacen con tiempo y con respeto. Aquí no se trata de cocer y triturar sin más. Aquí se cocina con mimo, como cuando sabes que algo merece la pena. La base es tan sencilla como un poco col y unas patata cocidas, pero hay una transformación cuando lo pasas todo por la sartén y dejas que se dore, que coja ese punto crujiente, casi de corteza, que recuerda inevitablemente al *trinxat* de la Cerdanya.

Ahí está el giro. Ahí está la magia.

Esa mezcla doradita, con sabor a montaña, a brasero, a excursión en invierno, se convierte en la base de esta crema. Al probarla, lo que parecía un plato humilde revela todo su carácter: profundo, reconfortante, de los que no corren..., pero llegan.

INGREDIENTES PARA 4 PERSONAS

½ col rizada, 2 zanahorias, 2 patatas medianas, 1 diente de ajo, 1 cucharadita de pimentón dulce, 30 ml de nata líquida, 2 lonchas de panceta curada, 500 ml de agua, 2 cucharadas de aceite de oliva virgen extra, sal y pimienta al gusto.

ELABORACIÓN

En una olla con agua hirviendo y sal, cuece las hojas de col, las patatas y las zanahorias durante unos veinte minutos, hasta que estén bien tiernas. Antes de triturar, reserva unas cuatro hojas de col y un par de trozos de patata. El resto, a la batidora con un poco del caldo de cocción. Tritura bien. Cuando la textura esté cremosa y uniforme, incorpora un chorrito de nata, ajusta de sal y, si quieres una crema sedosa de verdad, pásala por un colador o chino.

Dora un diente de ajo en una sartén con aceite y retíralo. En ese mismo aceite, fríe la panceta cortada en dados hasta que esté bien crujiente. Reserva. Luego, en esa grasita maravillosa, rehoga las hojas de col y los trozos de patata que habías guardado. Añade una pizca de pimentón y remueve hasta que todo quede doradito.

Sirve la crema caliente, con los daditos de panceta en el centro y la col y las patatas rehogadas por encima.

Topping sugerido: es obligatorio replicar la fórmula original. No te arrepentirás.

Crema de lentejas

Vamos a hablar de lentejas. En mi boda, mis amigos me hicieron uno de esos regalos envenenados que solo aceptas porque vienen con cariño (y porque ya estás casada y no hay escapatoria). En vez de darnos el dinero sin más, organizaron una especie de gincana posnupcial, con pistas, acertijos... y un ingrediente sorpresa: un tarro de diez kilos de lentejas pardinas. Sí, de las pequeñas. Entre todas ellas, había veinte marcadas con unos números minúsculos que formaban las coordenadas para encontrar la siguiente pista.

¿Sabes cuántas lentejas hay en diez kilos? Muchas. Demasiadas. Así que hicimos lo que haría cualquier pareja sensata en plena luna de miel: delegar. Pedimos ayuda con la tarea a mi familia política. Entonces se reveló la señal definitiva de que había elegido bien a mi marido... y a su entorno. Pasaron las tardes de Navidad buscando lentejas numeradas como si fuera un juego de mesa alternativo. Lo lograron en tres días. En su casa aún se habla de aquella gesta con una mezcla de orgullo y agotamiento.

Desde entonces, he tenido que hacer muchas lentejas para dar salida a esos kilazos. En guiso, en ensalada, en humus, en dal... o en forma de crema caliente.

La mayoría de las veces que hacemos cremas en casa son de verduras, pero triturar legumbres no debería ser terreno exclusivo de niños ni de adultos que no aprendieron a comer con tropezones. Una crema puede ser de lo que nos dé la gana. En Navidad, tomamos cremas de marisco, y bien que nos gustan las gambas a la plancha, ¿no? Pues eso. La crema de lentejas está riquísima: tiene todo el sabor del puchero de siempre, pero con la textura fina y elegante de un buen puré.

INGREDIENTES PARA 4 PERSONAS

300 g de lentejas cocidas (pueden ser de conserva), ½ cebolla, 1 diente de ajo, ½ calabacín, 1 zanahoria, 3 cucharadas de aceite de oliva virgen extra, 100 ml de tomate frito, ½ cucharadita de pimentón, 20 g de arroz, 600 ml de agua, 1 cucharadita de orégano, sal y pimienta.

ELABORACIÓN

Pica en trozos pequeños las verduras y sofríelas en una cazuela con un buen chorro de aceite de oliva y orégano durante unos ocho o diez minutos, hasta que estén blanditas.

Añade las lentejas, que pueden ser cocidas en casa o envasadas: si usas las primeras, asegúrate de que estén bien tiernas —tras unos cuarenta y cinco o sesenta minutos de cocción en abundante agua con sal y laurel suelen estar listas—; si usas las de bote, basta con escurrirlas y enjuagarlas. Incorpora también el arroz, sal y pimienta al gusto, una pizca de pimentón, el tomate frito y el agua. Cocina a fuego medio durante quince minutos o hasta que todo esté bien tierno.

Tritura con la batidora hasta obtener una crema fina.

Topping sugerido: picatostes y un chorrito de *crème fraîche*.

Crema griega de garbanzos

Si alguna vez visitas el oráculo de Delfos, no le preguntes por el sentido de la vida ni por tu futuro amoroso. Haz la pregunta importante: «¿Qué debería comer cuando estoy de bajón?». Y entonces, desde lo más profundo del templo, entre columnas jónicas, incienso y profecías, escucharás la respuesta clara y rotunda: crema de garbanzos. Porque esta sopa griega no cura las penas, pero las pone en pausa.

Su nombre original es *revithosoupa*, un guiso clásico del recetario griego que combina ingredientes sencillos con ese gustillo tan mediterráneo: garbanzos cocidos a fuego lento, un buen chorro de limón, aromáticas frescas y un toque de tahini que lo une todo con cremosidad y carácter. Ya tienes un viaje directo a una taberna frente al Egeo sin moverte de casa.

En algunas islas, como Sifnos, la preparan en ollas de barro que se dejan toda la noche a fuego bajo en hornos de leña. A la mañana siguiente, lo que emerge no es solo sopa, es un bálsamo denso, sabroso y sereno que sabe a calma y a domingo. No hace falta seguir la receta al pie de la letra para lograr algo parecido, ni siquiera cocinar durante tantas horas: afortunadamente, al calor de una vitrocerámica o de una placa de inducción, también sale deliciosa. Solo necesitas unos buenos garbanzos y esa fe tranquila que proporcionan las recetas que llevan siglos funcionando.

Una vez que pruebas la primera cucharada, ya no hay marcha atrás: estás oficialmente bajo el hechizo heleno.

INGREDIENTES PARA 4 PERSONAS

300 g de garbanzos secos (puestos en remojo la noche anterior), 4 cucharadas de aceite de oliva virgen extra, 1 cebolla dulce, 1 ramita de apio, 2 zanahorias, 2 dientes de ajo, 1,5 l de caldo de verduras o agua, 2 cucharadas de tahini, 60 ml de zumo de limón, 1 cucharadita de orégano, sal, pimienta.

ELABORACIÓN

Escurre los garbanzos que dejaste en remojo y ponlos a cocer en agua limpia durante diez minutos. Retíralos, vuelve a escurrirlos y resérvalos.

En una cazuela grande, sofríe la cebolla picada entre cinco y siete minutos, hasta que esté ligeramente dorada. Añade el apio y la zanahoria en daditos y el ajo picado. Cocina todo junto tres minutos más.

Incorpora los garbanzos cocidos y el agua o caldo, salpimenta, lleva a ebullición, baja el fuego, tapa y cocina a fuego lento durante una hora, hasta que los garbanzos estén tiernos.

Agrega el resto del aceite de oliva y el tahini. Cocina sin tapa veinte minutos más, removiendo de vez en cuando hasta que espese ligeramente. Añade el zumo de limón y el orégano, déjalo al fuego dos minutos más y tritura hasta obtener una crema fina.

Topping sugerido: unos garbanzos que hayamos guardado antes de triturar y ralladura de limón.

Crema de
lentejas rojas

Aunque a simple vista pueda parecer una crema de calabaza, la receta que tienes delante es un puré de lentejas rojas: rápida de hacer, llena de sabor y con un punto especiado que te transporta directamente a la India. Las lentejas rojas tienen la ventaja de cocerse en pocos minutos y deshacerse con facilidad, así que si no tienes batidora, no pasa nada: ellas solitas se rinden a la cuchara. Solo necesitas unas cuantas especias bien tostadas, un sofrito aromático y ganas de probar algo distinto. Esta crema es perfecta para introducir sabores nuevos sin complicarte la vida ni asustar al paladar.

Cuando hablo de este plato, siempre cuento la misma anécdota: mi *amama* Juani es una mujer de gustos tradicionales, fan declarada del puchero de toda la vida. Pero, de vez en cuando, no sé si por aburrimiento, por curiosidad o por un impulso rebelde que la asalta en el supermercado, se lanza a lo desconocido. Una vez compró lentejas rojas en vez de las pardinas y preparó el mismo guiso de siempre en la olla exprés. El resultado no fue exactamente el esperado: en vez del potaje espeso de cada semana, salió una especie de puré aguado y naranja con trozos de chorizo de León. Una «crema» de lentejas rojas, sí, pero accidental...

La mía, en cambio, no es fruto del despiste. Tiene intención, equilibrio y te abre una ventanita hacia otros sabores. Y, lo mejor, se hace en media hora.

INGREDIENTES PARA 4 PERSONAS
*200 g de lentejas rojas, 1 boniato,
200 g de calabaza, ½ cebolla, 1 zanahoria,
200 ml de leche de coco, 600 ml de agua o caldo,
2 cucharaditas de curri, 1 cucharadita
de cúrcuma, 2 cucharadas de aceite de oliva
virgen extra, sal y pimienta al gusto.*

ELABORACIÓN
Pica la cebolla y la zanahoria. Sofríelas en una cazuela con un chorrito de aceite y una pizca de sal durante unos cinco minutos. Añade las especias (curri, cúrcu-

ma, pimienta) y cocina un minuto más para que suelten los aromas.

Agrega el boniato y la calabaza pelados y cortados en dados. Incorpora las lentejas rojas, la leche de coco, el caldo y el agua (una cantidad suficiente para cubrir los ingredientes). Lleva la mezcla a ebullición, tapa y cocina a fuego medio durante unos veinte o veinticinco minutos, hasta que todo esté bien tierno.

Tritura hasta conseguir una crema fina y suave.

Topping sugerido: un chorrito de yogur y un poco de pan *naan*.

Crema de alubias blancas

En mi tierra, cuando se habla de alubias, el protagonismo se lo llevan siempre las negras de Tolosa o Gernika, con sus sacramentos y su fama bien merecida. Pero hay otra alubia más discreta, más humilde, que también forma parte del alma vasca y que en mi casa nunca ha faltado: la alavesa, la arrocina. Pequeña, suave, blanquita y muy agradecida. Es curioso que, siendo un territorio tan pequeño, tengamos tantas alubias con pedigrí.

Para esta crema, en realidad, puedes cocer tus alubias blancas favoritas —que las hay de muchos tipos: fabes, judiones, mantecosas— o tirar de bote sin ningún remordimiento. Aquí lo importante no es tanto la legumbre en sí como el acento en forma de romero, una simple ramita que transforma por completo la receta. Le da un punto fresco, casi balsámico, que equilibra la textura untuosa de las alubias y despierta todos los sabores.

Aunque a primera vista no parezca una receta típica vasca, para mí sí lo es, porque está hecha con ingredientes de aquí, con memoria y con intención. Y porque reivindica otra manera de mirar lo nuestro, más delicada, menos solemne. Como si nos quitáramos la *txapela* por un momento y nos atreviéramos a reimaginar la cocina tradicional desde la suavidad. Sin perder la raíz, pero dejando que respire.

Esta es una crema sencilla, de las que no buscan llamar la atención, pero se quedan contigo. Ideal para días fríos con un chorrito de buen aceite de oliva virgen extra al final y una pizca de pimienta recién molida. Ni más, ni menos.

INGREDIENTES PARA 4 PERSONAS

400 g de alubias blancas cocidas, 1 cebolla, 1 puerro, 1 diente de ajo, 1 patata, 750 ml de agua o caldo, 1 ramita de romero fresco, 2 cucharadas de aceite de oliva virgen extra, sal y pimienta al gusto.

ELABORACIÓN

Pica la cebolla, el puerro y el ajo. Pela la patata y córtala en trozos. En una cazuela, sofríe todo con el aceite y una pizca de sal durante unos diez minutos, hasta que las verduras estén blanditas y empiecen a coger color.

Añade las alubias, el romero y la patata. Cubre con el caldo y cocina a fuego medio durante un cuarto de hora, tiempo más que suficiente para que todo se integre.

Retira la ramita de romero, tritura hasta obtener una crema fina y ajusta de sal y pimienta.

Topping sugerido: un chorrito de aceite de oliva y, si te animas, un poco de *focaccia* para acompañar.

Crema
de mejillones

Hay muchas formas de llevar el sabor del mar a la mesa, pero pocas tan sencillas, elegantes y económicas. Hecha con mejillones frescos, cebolla, un chorrito de vino blanco y poco más, parte de preparaciones tradicionales marineras —caldos, salsas, sopas— y se transforma, con un golpe de batidora, en un plato sorprendente.

Cada vez que la preparo, me viene a la cabeza un viaje a Galicia que hice hace unos años. Era junio y nos alojamos en el parador de Cambados, en pleno corazón de las Rías Baixas. Una de las cosas que más me fascinó fue cenar a las diez de la noche y que todavía fuera de día. Pero lo que realmente me marcó fue la visita a las bateas de mejillones en la ría de Arousa, la más productiva del mundo. Sí, del mundo. Galicia es líder mundial en la producción de mejillón en batea y más del 95 por ciento que se consume en España viene de allí. No es raro que nos dieran barra libre, ¡tienen mejillones hasta para empedrar calles!

Recuerdo el trayecto en barca, el olor a salitre, la calma del agua, las cuerdas repletas de mejillones colgando bajo las plataformas como racimos marinos. Aprendí todo el proceso, desde la siembra del molusco hasta su recolección, y volví a casa con una admiración absoluta por ese trabajo paciente y silencioso.

Desde entonces, en mi imaginario, los mejillones dejaron de ser solo un ingrediente barato y resultón. Cada vez que los cocino, me transportan a aquella ría, a aquel albariño fresquito que nos sirvieron, a aquella luz eterna. Esta crema es mi forma de traer todo eso a casa. Porque no todo lo marinero tiene que venir en concha. A veces, el mar también se toma a cucharadas.

INGREDIENTES PARA 4 PERSONAS
600 g de mejillones, 1 l de agua, 1 puerro, 2 dientes de ajo, 1 tomate rallado, 1 cucharada de mantequilla, 1 patata, 2 hojas de laurel, 100 ml de vino blanco, 2 cucharadas de aceite de oliva virgen extra, sal y pimienta al gusto.

ELABORACIÓN

Limpia bien los mejillones antes de cocerlos. Enjuágalos bajo el grifo con agua fría, frota las conchas con un estropajo o cepillo duro para eliminar las impurezas y tira del filamento (la barba) que sale de uno de los lados. Una vez limpios, cuécelos en un litro de agua con sal y laurel. Si quieres que te sobre más caldo de la cocción, añade medio litro extra de agua. Cuando se abran, retíralos, cuela el caldo y resérvalo.

Trocea una patata y cuécela en ese mismo caldo. Mientras tanto, en otra cazuela sofríe el puerro y el ajo picados con un poco de aceite, mantequilla, sal y pimienta. Añade un chorrito de vino blanco, deja reducir y luego incorpora el tomate. Cocina tapado durante unos quince minutos.

Retira las conchas de los mejillones, reserva algunos para decorar y añade el resto a la olla con la patata. Incorpora el sofrito, cocina un par de minutos más, retira el laurel y tritura hasta obtener una crema fina. Prueba y ajusta de sal si es necesario.

Topping sugerido: unas hojas de alga nori bien picaditas, para resaltar el sabor marino.

Cremas
frescas

No sé en qué momento exacto empieza el verano, pero en mi cuerpo suele coincidir con dos cosas: un sudor raro en la parte de atrás de las rodillas... y un deseo irracional de comer gazpacho. Ni ensaladas, ni polos. Gazpacho. Servido fresquito, en vaso o en bol, da igual, pero que me enfríe hasta los tobillos.

Esta necesidad de cuchara fría no nació en Euskadi, claro. Viene de más al sur. Que una es vasca, pero con algo de alma andaluza. Desde los seis meses (aquel verano del 91), cada año mis padres nos llevaban a Salobreña, en la costa de Granada, donde tenemos una casita. He veraneado allí toda la vida. Allí aprendí lo que es una siesta con ventilador, una sandía que gotea por el codo y un gazpacho con un sabor que no se puede explicar. A tomate, sí, claro, pero también a casa y a «*Ume*, sal de la piscina y tómate esto antes de que se caliente».

Supongo que me enamoré del gazpacho con el primer sorbo, porque me recuerdo tomándolo toda la vida.

Al crecer, llegaron el salmorejo, espeso y sedoso, y el ajoblanco (¡ay, el ajoblanco con uvas frescas, por favor!), que mi madre no tenía costumbre de cocinar. Los pedíamos siempre que comíamos fuera.

Así que, una vez dominado el arte de hacer cremas calientes, empecé a crear mis propias versiones de sopas frías y descubrí la magia. En cinco minutos la comida estaba hecha. Prepárate para una increíble optimización del tiempo en la cocina.

Empecé copiando recetas (¡este libro es perfecto para que te inicies!) y luego fui improvisando. Un día metí sandía, otro cerezas. Me atreví a jugar, a experimentar. A versionar el gazpacho como quien versiona una canción de Rocío Jurado en clave de *aurresku*. Y no esquivé los líos.

Resulta que los gazpachos «modernos» son tema de conflicto. Por lo visto, no es lo mismo una sopa fría de cerezas que un gazpacho de cerezas. Que hay líneas que no se deben cruzar. Que, como me dijo una señora en un mercado de Almuñécar mientras elegía almendras crudas para hacer ajoblanco, «Niña, si lleva fruta, eso no es gazpacho, es un postre líquido». Yo asentí. Porque tenía razón. Y porque su mirada no admitía réplica.

He visto peleas más encendidas por un gazpacho con fresas que por los ingredientes de la paella. He visto a gente jurar por su madre que el salmorejo no lleva vinagre. Y no te quiero ni contar el drama que se desata si se te ocurre ponerle un topping que no responde a los mandatos canónicos: que si aguacate, que si semillas, que si crema de queso.

En fin, que el gazpacho levanta pasiones. Más que el debate de la tortilla con o sin cebolla.

Así que este capítulo va de eso: de sopas frías. Algunas sí son gazpachos; otras, según el código de honor andaluz, ni se le parecen. Todas, eso sí, comparten algo: refrescan de verdad y están pensadas para esos días en los que la vida da pereza y el calor te pide que no hagas nada más que abrir la nevera y servirte un cuenco de algo que ya esté hecho.

Aquí vas a encontrar desde recetas clásicas —las que me enseñaron en Salobreña—, hasta otras que he ido inventando en mi cocina vasca en esos días de agosto con lluvia y dieciocho grados. Sopas frías de guisantes, de pepino, de remolacha, de melón. Sopas suaves y ácidas, sopas cremosas y cítricas. Algunas con menta, otras con albahaca, la mayoría cargadas de recuerdos.

Porque eso también es importante: la nostalgia. A mí me da pánico olvidar. Y cuando cocino estas cremas, me estoy obligando a recordar. Los atardeceres en la playa de la Guardia con mi madre viendo a los peces saltar, los tomates comprados a granel en el mercado después de desayunar tostadas y churros, el olor a protector solar mientras triturábamos ingredientes a mano, con una batidora más ruidosa que eficaz. Todo está ahí, en cada cucharada. Aunque ahora utilice un robot superpotente y ponga toppings elegantes.

Cocinar también es decidir con qué parte del pasado te quieres quedar. A mí, estas sopas frías me recuerdan quién soy: mitad Euskadi, mitad costa granadina; mitad alubias de Gernika, mitad gazpacho.

Así que prepárate. Abre la nevera y busca tomates, o cerezas, o lo que tengas, porque empieza la parte más refrescante del libro. Y, aunque algunas recetas enciendan el debate, todas están pensadas para bajar la temperatura corporal y ayudarte a disfrutar, cuchara en mano, del verano.

Y recuerda, si alguna te disgusta, siempre puedes escribir tu propia versión (pero no se lo cuentes a la señora del mercado, que se puede enfadar).

Gazpacho
a mi manera

Nótese mi intención de no hablar de gazpacho «tradicional» en ningún momento. A estas alturas del libro, no quiero conflictos ni meterme en berenjenales. La verdad es que, en mi casa, la del gazpacho nunca fue una receta con medidas exactas, sino más bien una forma de estar en verano, como las siestas con una pierna fuera de la sábana. Al fin y al cabo, un gazpacho bien hecho es eso: el resumen líquido de un día caluroso en el que no ha pasado nada y, sin embargo, algún día recordaremos como perfecto.

A veces mi madre le ponía pimiento, pero otras no. Si había pan del día anterior, metía un currusco en el vaso de la batidora; pero si no había sobrado, se trituraba tal cual. Ella es improvisadora por naturaleza, yo salí con la mente un poco más estructurada (pero con el corazón igual de espontáneo). Iba a decir que me parezco más a mi padre, pero ninguno de los dos es demasiado cuadriculado, así que supongo que soy una especie de lotería genética. Total, que cada vez que hago una receta, esquivo la herencia familiar: me gusta apuntar cantidades, comparar versiones y ajustar proporciones. Mi receta del gazpacho tal vez no sea ortodoxa, pero me lleva acompañando muchos veranos y está riquísima.

INGREDIENTES PARA 2 PERSONAS

500 g de tomates muy rojos y maduros, ¼ de pepino mediano pelado, ½ cebolleta pequeña, 1 diente de ajo pequeño, ½ pimiento verde tipo italiano, un trocito de pimiento rojo (opcional, para dar color cuando los tomates no están muy maduros), 40 g de pan duro (remojado previamente en agua), 50 ml de aceite de oliva virgen extra, un chorrito de vinagre de Jerez (al gusto, empieza por 1 cucharada), sal al gusto.

ELABORACIÓN

Si vas a usar pan, ponlo en remojo un rato antes con un poco de agua para que se ablande bien, pero sin que llegue a deshacerse. Lava y corta las verduras en trozos grandes. Mete todo en el vaso de la batidora: tomates, pepino, cebolleta, ajo, pimientos y el pan escurrido.

Tritura bien hasta que quede una crema fina. Si prefieres que el plato resultante sea más ligero, cuela el gazpacho con un chino o colador fino para quitar las pieles y las semillas.

Añade la sal, el vinagre y el aceite de oliva en hilo mientras sigues batiendo para que emulsione bien. Prueba y ajusta: un poquito más de vinagre, más ajo o una pizca de comino o pimentón si te apetece darle un giro. Guarda en la nevera hasta que esté bien frío y sírvelo.

Topping sugerido: tomate y pepino en dados pequeñitos con un chorrito de aceite en crudo.

Gazpacho de mango

Hace unos años (bastantes ya), cuando me independicé y empecé a hacer la compra, me sorprendió mucho el precio de los mangos. Hablo de los buenos, no de esos duros como rocas, casi amarillos y ácidos, que cogen de los árboles todavía verdes y maduran durante las tres semanas que dura la travesía en barco por el Atlántico. Los mangos dulces y jugosos son los que viajan en avión porque los han dejado madurar en el árbol. Los envían desde Brasil y, a juzgar por los cinco o seis euros que cuesta cada unidad, en primera clase.

A las fruterías de Salobreña, donde pasé los veranos de mi infancia, no llegaban ni unos ni otros. Allí los mangos los vendían los propios agricultores en el mercado. La Costa Tropical, un territorio precioso de la costa malagueña-granadina, es un auténtico paraíso de aguacates, chirimoyas y mangos, pero hay que saber cuándo comerlos. La época de los mangos empezaba casi cuando terminaba nuestro verano andaluz, en septiembre, así que eran poquitas las semanas que coincidíamos en la misma plaza. Dada la huella de carbono que producen los mangos que vienen en avión, mi consejo es que esperes a septiembre y disfrutes de este manjar nacional hasta noviembre.

Nunca he sido fan de poner esta fruta en recetas dulces, porque como más rica está es al natural. Pero me encanta incorporarla en recetas saladas, como en una ensaladita de langostinos cocidos, aguacate y zumo de lima; o en esta sopa fría con tomate que te traigo.

Bonus: en verano, cuando el mango aún no esté de temporada, puedes sustituirlo por melocotones.

INGREDIENTES PARA 2 PERSONAS

1 mango maduro, 300 g de tomates rojos y jugosos, ¼ de pimiento rojo, ¼ de pepino, ¼ de cebolleta pequeña, 1 cucharada de vinagre de Jerez, 30 ml de aceite de oliva virgen extra, sal al gusto.

ELABORACIÓN

Pela el mango, quítale el hueso y córtalo en trozos. Lava los tomates, el pimiento y el pepino y pela este último. Corta todo en trozos medianos. Pela la cebolleta y trocéala también.

Coloca todas las verduras y el mango en el vaso de la batidora junto con el vinagre, la sal y un chorrito de agua si ves que cuesta triturar. Bate un minuto y, sin parar la batidora, ve incorporando poco a poco el aceite de oliva en forma de hilo para que emulsione bien y la crema quede brillante y sedosa.

Pruébalo y ajusta de sal o vinagre si lo necesita. Si te gusta más líquido, añade un poco más de agua fría y bate de nuevo. Guárdalo en la nevera un rato antes de servir: este gazpacho pide frío.

Topping sugerido: daditos de mango fresco.

Gazpacho de cerezas

Supongo que usar las cerezas como pendientes será un recuerdo común para muchas de las mujeres que lean estas páginas. Habrá quienes sentencien que con la comida no se juega, pero juraría que fue mi *amama* Juani la que me introdujo en el universo de las joyas frutales.

Siempre fui una niña bastante «mica» (o mal comedora, que dirían en otras partes); las únicas frutas que comía de pequeña eran fresas y cerezas. Las primeras con bastante azúcar y un chorrito de vinagre y las segundas al natural, tan solo pasadas por agua. Había algunas cerezas que en mis manos de niña parecían ciruelas; mis favoritas eran las más oscuras y blanditas, porque sabía que eran las más dulces.

De mayor, la primera vez que visité el valle del Jerte en flor, me emocionó contemplar un paisaje que parecía nevado. Allí entendí que el blanco también podía ser el color de la cereza.

Lo que no imaginaba entonces es que algún día esa misma fruta, que yo consideraba puro juego, acabaría formando parte de una receta que adoro: el gazpacho de cerezas. Fue una de las primeras sopas frías que publiqué en mis redes sociales y ya es parte de mi recetario estival.

INGREDIENTES PARA 2 PERSONAS

250 g de cerezas deshuesadas, 600 g de tomates maduros, 30 g de pimiento rojo, 1 diente de ajo pequeño, 15 g de cebolleta, 70 g de pan del día anterior (mejor si es tipo rústico), 10 ml de vinagre de Jerez, 200 ml de agua fría, las hojas de 2 ramitas de hierbabuena, 50 ml de aceite de oliva virgen extra, sal al gusto.

ELABORACIÓN

Empieza pelando el diente de ajo y quitándole el germen para evitar que repita. Lava bien los tomates y córtalos en trozos grandes. Haz lo mismo con el pimiento y la cebolleta. Si tienes tiempo, te recomiendo escaldar los tomates durante treinta segundos en agua hirviendo y pelarlos: la textura queda aún más fina.

Pon en el vaso de la batidora los tomates troceados, el pimiento, la cebolleta, el ajo, las cerezas deshuesadas y el pan cortado en pedazos. Añade el vinagre, la sal y el agua fría. Tritura durante un minuto para que todo empiece a integrarse.

Incorpora luego el aceite poco a poco mientras sigues batiendo, como si hicieras una emulsión. Esto ayudará a que la sopa adquiera una textura más sedosa. Bate todo a máxima potencia durante un par de minutos para obtener una mezcla homogénea. Rectifica de sal o vinagre si lo ves necesario y guarda la sopa en la nevera durante al menos una hora para que esté bien fría.

Topping sugerido: queso feta desmigado, unas cerezas descorazonadas, hojitas de hierbabuena y un chorrito de aceite de oliva virgen extra.

Gazpacho de piquillos

En plena pandemia, fuimos a celebrar mi treinta cumpleaños al restaurante Etxanobe, de Fernando Canales, en Bilbao. Uno de los platos que más me impactó fue su mítica lasaña de anchoas, y, aunque parezca que no tiene nada que ver con esto, juraría que el fondo del plato era algo así como un gazpacho de piquillos. Lo tenía todo: dulzor, intensidad, ese color rojo profundo... Desde entonces, cada vez que preparo esta receta y le pongo un par de boqueroncitos en vinagre por encima, desbloqueo automáticamente el recuerdo del inicio de mi treintena.

Perfecta para acompañar con una copita bien fría de *txakoli* de Getaria, esta versión del gazpacho andaluz bien podría haber salido del menú nupcial de los protagonistas de *Ocho apellidos vascos*. La firmó Martín Berasategui —cuando todavía no era el Berasategui que conocemos hoy, sino el cocinero del Bodegón Alejandro—, que reinterpretó el gazpacho desde una mirada muy del norte. Lo que hizo fue bastante revolucionario: cambió el pimiento crudo por piquillos asados, el pepino por pepinillos en vinagre y el aceite de oliva por mayonesa. Sí, mayonesa. El resultado es más cremoso, con un sabor más profundo y un puntito avinagrado que, para muchos de nosotros, es sinónimo de verano. Garrote.

INGREDIENTES PARA 2 PERSONAS
500 g de tomates pera bien maduros,
1 pimiento del piquillo asado, 50 g de salsa
de tomate casera, 1 pepinillo en vinagre,
25 g de cebolleta, 1 cucharada de vinagre de Jerez,
1 y ½ cucharada de mayonesa casera hecha
con aceite de oliva virgen extra, sal al gusto.

ELABORACIÓN
Lava los tomates, trocéalos y ponlos en el vaso de una batidora potente junto con el resto de los ingredientes: la salsa de tomate, el pepinillo, el piquillo, la cebolleta, la mayonesa, el vinagre y una pizca generosa de sal.

No importa demasiado el orden, pero sí es clave tener paciencia al triturar. Bátelo un buen rato, hasta conseguir una crema de textura muy fina y sin restos de piel ni trocitos molestos.

Pruébalo y ajusta el punto de sal. Después, déjalo enfriar en la nevera durante al menos un par de horas.

Topping sugerido: unos boquerones o unas rodajitas de piparras en conserva.

Gazpacho
de remolacha

A los veinte años me regalaron mi primera Thermomix. Bueno, decir que me la regalaron es un poco optimista: técnicamente, heredé una de esas primeras unidades de los años noventa que primero había sido de mi tía Oihana, luego había pasado a mi *amama* Tere —que nunca entendió qué hacer con aquel cacharro tan ruidoso— y más tarde acabó en casa de mi madre, donde le aguardaba el mismo destino: acumular polvo en el trastero. Hasta que llegué yo, con mis ganas de trastear en la cocina y mi espíritu de arqueóloga culinaria, y la rescaté.

Aquella máquina me parecía un tesoro. Bueno, me lo sigue pareciendo. Sé que hay chefs que todavía buscan ese modelo concreto porque es casi indestructible. Las cuchillas eran una especie de escuadra de acero quirúrgico y la potencia no tenía nada que envidiar a las versiones posteriores. Lo que hacía esa Thermomix con las cremas era de otro planeta: las dejaba tan finas, tan sedosas, que parecía brujería.

Cuando cayó en mis manos, venía acompañada de una colección de libros viejunos que solo servían para cocinar en el robot. La mayoría de las recetas me parecían anticuadas, con fotos algo inquietantes y presentaciones de lo más *kitsch*. Pero en uno de ellos encontré una receta que me llamó la atención: sopa fría de tomate y remolacha. El color era lo más vibrante que había visto en mi vida, una mezcla de rojo y fucsia que parecía pintado con rotulador. Era imposible no sentir curiosidad.

Lo gracioso es que yo, hasta entonces, no había comido remolacha en mi vida. Ni cruda, ni cocida, ni en ensalada. Pero allí fui, al súper, directa al rincón de las verduras, a por unas de esas bolas cocidas que vienen envasadas al vacío y que no sabes si dan más miedo o intriga. La corté sin guantes y descubrí rápidamente su poder como tinte: manos rosas, trapo arruinado, tabla de madera para el arrastre, encimera a lo Dexter. Qué sangría...

¿Que si la crema mereció la pena? Sin duda. El dulzor terroso de la remolacha se funde con la acidez brillante del tomate y crea una sopa fría dulce, intensa, refrescante y muy sorprendente. No pasa desapercibida, ni por su sabor, ni por su color, ni por lo bien que entra en un día de calor pegajoso.

Cada vez que la preparo, regresan a mi memoria aquella Thermomix *vintage* y mis manos teñidas de rosa. Y pienso en lo mucho que me gusta seguir descubriendo combinaciones inesperadas. Porque a veces basta con descubrir una receta rara en un libro olvidado para abrirle la puerta a un nuevo clásico en casa.

INGREDIENTES PARA 2 PERSONAS

1 remolacha cocida, 300 g de tomates maduros, ¼ de cebolleta, ¼ de pimiento verde, ¼ de pepino, ½ diente de ajo, 1 cucharada de vinagre de Jerez, 70 g de hielo, ½ cucharadita de sal, una pizca de pimienta negra molida, 30 ml de aceite de oliva virgen extra, 70 ml de agua fría.

ELABORACIÓN

Empieza lavando y cortando los tomates, el pimiento, el pepino y la cebolleta. Si el pepino tiene la piel muy gruesa, pélalo. Pela también el medio diente de ajo y quítale el germen para que quede más suave. Trocea la remolacha cocida y pon todos los ingredientes en el vaso de la batidora: las verduras, la remolacha, el ajo, el vinagre, el hielo, el agua, la sal y la pimienta. Tritura a máxima potencia durante un par de minutos hasta obtener una mezcla fina y vibrante.

Con la batidora aún en marcha, ve añadiendo poco a poco el aceite en forma de hilo. Verás cómo la mezcla se emulsiona y adquiere una textura más sedosa y un color brillante, entre fucsia y magia.

Pásalo todo por un colador fino si quieres una textura más elegante y deja enfriar bien en la nevera durante al menos una hora.

Topping sugerido: daditos de remolacha, yogur griego y unas hojitas de cebollino fresco o eneldo.

Gazpacho de fresas

Aunque pensamos que las cremas frías son patrimonio exclusivo del verano, lo cierto es que hay recetas que se adelantan a la temporada y encuentran su mejor momento en esos días raros —y gloriosos— en los que abril y mayo se disfrazan de julio. Días que en Euskadi no son precisamente frecuentes, pero que, cuando llegan, se reciben como un regalo. Uno de esos platos que brillan antes del verano es el gazpacho de fresas. No solo por su sabor, sino por la fugacidad de su momento ideal.

Porque, claro, un gazpacho de fresas no puede hacerse en cualquier época del año. Bueno, sí que se puede, porque las fresas de invernadero están ahí tentándonos hasta bien entrado junio, pero cuando realmente están en su punto es entre abril y mayo, cuando la fruta está más roja, más dulce y más jugosa. Esos días en los que las fruterías se tiñen de carmesí y te seducen con bandejas que huelen a postre.

A mí esta receta me lleva de vuelta a los años universitarios, cuando me mudé a Bilbao con dieciocho años y abrí un blog de cocina en WordPress que se llamaba *The Cook Rocker*, donde me construí una especie de *alter ego* culinario con nombre de peli de serie B. Pretendía ser una cocinera roquera y emparejaba cada receta con una canción. Era un maridaje un poco caótico, pero muy mío. El logo era una fresa en forma de púa de guitarra cruzada por dos baquetas de batería.

En ese blog publiqué mi primer gazpacho de fresas con el entusiasmo de una novata que acababa de descubrir que la cocina también podía ser un lugar para jugar. Desde entonces ha llovido mucho (sobre todo aquí), pero esa receta sigue regresando a mi mesa cada primavera, puntual como las golondrinas. Me gusta porque es ligera, vistosa y tiene ese puntito ácido y dulce a la vez que funciona de maravilla con el tomate. Y porque siempre sorprende.

Aunque ya no tenga blog (ni logo de fresa guitarrera), cada vez que preparo este gazpacho, me acuerdo de aquella versión de mí que empezaba a encontrar su voz, cuchara en mano y *playlist* en marcha. ¡Ah! Esta receta la combinaba con la gran *Strawberry Fields Forever* de los Beatles, claro.

250 g de fresas lavadas y sin hojas,
250 g de tomates maduros, 25 g de cebolla,
20 g de pimiento verde, 20 g de pepino,
1 diente de ajo pequeño, 10 ml de vinagre
(mejor si es de Jerez), 100 g de hielo,
25 ml de aceite de oliva virgen extra,
sal y pimienta al gusto.

ELABORACIÓN

Lava bien las fresas y los tomates y trocéalos. Pela el pepino y el ajo y corta también el pimiento y la cebolla. Coloca todos los ingredientes —excepto el aceite— en el vaso de una batidora potente. Añade el hielo, el vinagre, una pizca generosa de sal y un poco de pimienta. Tritura a máxima velocidad durante al menos dos o tres minutos, hasta obtener una mezcla fina y homogénea.

Con el motor en marcha, incorpora poco a poco el aceite para que emulsione y la textura quede más sedosa. Prueba y rectifica de sal, vinagre o pimienta si lo crees necesario. Guarda en la nevera hasta el momento de servir: bien frío está mucho mejor.

Topping sugerido: un poco de queso fresco de cabra y un chorrito de aceite de albahaca.

Gazpacho verde

Tenemos el gazpacho asociadísimo al color rojo, tanto que si alguien nos sacara una crema verde e insistiese en que es gazpacho, lo tomaríamos por un chalado. O, por lo menos, por un total desconocedor del asunto. Eso fue lo que hizo Jamie Oliver en el verano de 2024: después de incendiar el panorama gastronómico español con su paella con chorizo, va el tío y se atreve también a versionar el gazpacho. Verde. Nada menos. Desde luego, valiente es un rato. Pero hay que reconocerle una cosa: de la valentía, muchas veces surgen recetas chulas. Como esta.

Mi versión es una mezcla de la de Jamie y de la de otro gran cocinero residente en Reino Unido, Yotam Ottolenghi, que defiende a capa y espada que la verde es su variante favorita del gazpacho. Fuertes declaraciones.

Esta es una recomendación para todas esas personas que en verano tengan resaca frutal de melocotones, albaricoques y nectarinas. Estáis ante una propuesta fresca, ligera, con el punto justo de acidez y llena de verdor. Para que no nos liemos tanto con las frutas y nos olvidemos de las verduras.

INGREDIENTES PARA 2 PERSONAS

1 rama de apio con hojas, 1 pimiento verde pequeño sin semillas, 1 pepino mediano pelado, 1 y ½ rebanada de pan blanco del día anterior (sin corteza), 1 piparra fresca, 2 dientes de ajo, ½ cucharadita de azúcar, 75 g de nueces ligeramente tostadas, 100 g de espinacas baby, 15 g de albahaca fresca, 5 g de perejil fresco, 30 ml de vinagre de Jerez, 60 ml de aceite de oliva virgen extra, 20 g de yogur griego natural, 225 ml de agua muy fría, 125 g de hielo, 1 cucharadita de sal.

ELABORACIÓN

Trocea el apio, el pimiento, el pepino, el pan, la piparra y los ajos. Pásalo todo al vaso de la batidora con el azúcar, las nueces, las espinacas, la albahaca, el perejil, el vinagre, el aceite, el yogur, la mayor parte del agua y la mitad del hielo. Añade sal y tritura bien hasta obtener una crema fina y de un color verde intenso. Si queda muy espesa, puedes aligerarla con un poquito más de agua o hielo.

Topping sugerido: unos picatostes ya fríos y unas hojitas de albahaca.

Salmorejo

Durante el embarazo, me ha dado por muchas cosas, pero si tuviera que elegir un solo antojo que me ha acompañado como una sombra —fresquita y anaranjada—, sería el salmorejo. He bebido litros. Y cuando digo beber, no exagero: una noche me metí un litro entre pecho y espalda como si fuera agua. No sé si mi bebé terminó la jornada nadando en líquido amniótico o en una sopa fría de tomate, ajo y pan. Menudo empacho.

Hay algo mágico en el salmorejo. Es humilde, sencillo y de aprovechamiento. Una crema nacida para dar salida al pan duro, pero que, con el tiempo, ha conseguido escalar hasta convertirse en una de las joyas de nuestra cocina. Una cucharada y se te viene a la cabeza la palabra «abundancia»: de tomate rico, de aceite del bueno, de color y sabor.

Todos creemos que la receta de nuestra tía del pueblo es la auténtica. La única, la sagrada. Hasta que llegan los científicos de la Universidad de Córdoba —esto es verídico— y, tras una década de estudio y una encuesta en la que participaron más de setecientos bares y restaurantes, publican una fórmula «oficial»: 1 kg de tomates, 200 g de pan de telera (tipo candeal), 100 ml de aceite de oliva virgen extra, 1 diente de ajo de Montalbán y 10 g de sal.

Y ahí estás tú, leyendo esa receta con las gafas torcidas, comprobando sobre si tu versión cumple los requisitos. A veces sí, a veces no. Porque, claro, yo también he probado a versionar este plato usando tomates cherri, como sugiere Dani García, o picos artesanos cuando no tenía un buen pan a mano.

No te engañes, lo importante no es que tu receta tenga pedigrí ni que la apruebe la Universidad de Córdoba, sino que te resuelva una comida con tres ingredientes y te regale, en cada cucharada, la sensación de que el mundo va un poco más despacio.

Para mí, el salmorejo es verano en cucharadas, es pan reciclado convertido en gloria, es el frescor del mediodía y la excusa para sacar la vajilla bonita. Y ahora también es uno de los recuerdos más intensos de mi embarazo. Por eso tenía que estar aquí. Porque no hay receta más sencilla ni más redonda.

Si alguna vez te empachas de algo, que sea de salmorejo.

*500 g de tomates tipo pera, 60 ml de aceite,
½ cucharada de vinagre de jerez, 100 g de pan de
barra del día anterior o picos camperos en su
defecto, 1 diente de ajo pequeño, 5 g de sal.*

ELABORACIÓN

Lava los tomates, córtalos en trozos grandes y tritúralos con el ajo. Si te da pereza pelarlos, puedes colar luego la mezcla para que quede más fina. Añade el pan troceado y deja que se empape bien con el tomate durante unos minutos. Tritura todo junto hasta que quede una crema espesa y uniforme.

Añade la sal, el vinagre y el aceite en hilo fino mientras sigues batiendo para que emulsione y te quede esa textura sedosa que hace este plato inolvidable. Déjalo enfriar bien en la nevera y sírvelo con el topping que prefieras.

Topping sugerido: el clásico combo de jamón ibérico y huevo cocido picaditos. O mi favorito, un poco de queso feta desmigado.

Salmorejo sin pan

Al contrario que sus primas las cremas calentitas, que se aligeran con caldos y agua, en las frías lo habitual es añadir más pan y más aceite. ¿El motivo? Que la mezcla emulsione bien y tenga esa textura densa aterciopelada que se deshace en la boca y te deja los labios brillantes.

El salmorejo tradicional es puro cuerpo: una emulsión de pan, tomate y aceite que pide cuchara (y más pan para mojar). Pero, con el tiempo, han ido surgiendo versiones más ligeras, pensadas para quienes quieren algo más suave o simplemente no digieren bien los hidratos. Esta que te presento aquí es una de ellas: sin pan, pero con todo el sabor.

Es innegable que la textura cambia un poco, no tiene esa densidad característica que da el pan de telera, ni ese punto casi untuoso. A cambio, gana en ligereza y en frescor. Para sustituir el pan, hay varias opciones. Hay quienes usan zanahoria cocida o calabacín y quienes reducen el aceite y dejan que el tomate sea el protagonista absoluto. En mi versión —quizá por ser norteña—, uso un poco de manzana para darle cuerpo y un punto afrutado que le sienta de maravilla. El resultado es una crema suave, fresca, ligeramente ácida y con un color precioso.

Y, oye, si después de probarlo, echas de menos el pan, siempre estás a tiempo de acompañarlo con una buena rebanada tostada.

INGREDIENTES PARA 2 PERSONAS

350 g de tomates rojos bien maduros, 1 manzana (tipo reineta o Errezil, como le llamamos en el País Vasco), 1 diente de ajo pequeño, 50 ml de aceite de oliva virgen extra, sal al gusto.

ELABORACIÓN

Lava los tomates y tritúralos a conciencia. Después, pásalos por un colador o chino para quitar pieles y semillas, que aquí queremos textura fina y sedosa. Reserva ese jugo rojo y brillante que será la base del salmorejo. Pela la manzana, quítale el corazón y trocéala.

Tritúrala junto al ajo y, mientras la batidora hace su trabajo, ve incorporando el aceite poco a poco, en forma de hilo, como si estuvieras montando una mayonesa ligera.

Añade una pizca de sal. Incorpora el tomate colado a esta mezcla y tritura unos segundos más, lo justo para que todo se integre bien.

Guarda el salmorejo en la nevera al menos una hora antes de servir para tomarlo fresquito.

Topping sugerido: puedes ponerle unas láminas de ventresca de bonito, queda ideal.

Ajoblanco

Cuando me mudé a Bilbao para estudiar, decoré mi cuarto con lo que pude: una colcha de Ikea, una lámpara de clip y un póster de los almendros en flor de Van Gogh que me costó cinco euros. Recuerdo quedarme mirándolo mucho rato, como si esas ramas blancas flotando sobre el cielo azul fueran una promesa de belleza y de paz. Años después supe que ese cuadro no era solo una imagen bonita, sino un regalo muy especial: Van Gogh lo había pintado para celebrar el nacimiento de su sobrino, también llamado Vincent. Un gesto lleno de ternura, una bienvenida al mundo envuelta en flores.

Quizá por eso, cuando pienso en el ajoblanco, siempre me vienen a la cabeza los almendros en flor. No sé si es por el sabor, por la textura o porque la vida se celebra en pequeños gestos blancos y sutiles.

A diferencia del gazpacho o el salmorejo, que se han hecho un hueco en nuestras cocinas veraniegas, el ajoblanco es más raro, más episódico. En mi casa se hace solo una o dos veces al año, cuando en la frutería aparecen esas uvas moscatel de origen nacional, dulces y brillantes. Aunque también lo hemos probado con melón y el resultado es muy digno, lo suyo es la uva: fresca, perfumada, ligeramente ácida. Un contraste perfecto.

INGREDIENTES PARA 2 PERSONAS
100 g de almendras crudas y peladas,
⅓ de barra de pan rústico del día anterior
(solo la miga y mejor si está asentado), 1 diente
de ajo pequeño (o medio si no quieres que pique
mucho), 2 cucharadas de vinagre de Jerez, 80 ml
de aceite, 300 ml de agua fría, sal al gusto.

ELABORACIÓN
Empieza poniendo en el vaso de la batidora las almendras, el ajo, la sal, el vinagre y el aceite. Luego incorpora la miga de pan troceada, que ya debería estar blandita si la has dejado en remojo con un poco de agua; si no, no pasa nada: se ablandará al triturarla con el resto de

los ingredientes. Añade parte del agua bien fría y empieza a batir.

La textura tiene que quedar entre cremosa y ligera, así que puedes ir ajustando con más agua si la ves espesa. Cuando lo tengas todo, pásalo por un colador fino o un chino.

Mete la mezcla en la nevera. Esta sopa se sirve bien fría, casi helada, y gana muchísimo al reposar.

Topping sugerido: unas uvas tipo moscatel.

Ajoblanco de coco

Descubrí esta combinación por primera vez en la carta del restaurante Bruma, en Murcia. No he ido —aún—, pero lo tengo bien fichado. Una de mis aficiones secretas (bueno, ya no tan secreta) es leer menús de restaurantes al azar para inspirarme. Allí servían este ajoblanco con un tartar de gambas por encima, como un guiño marino a esta sopa que viaja del secano andaluz a los trópicos sin perder su alma.

Porque eso es lo que ocurre cuando la cocina andaluza de campo se cruza con ingredientes traídos de tierras lejanas como el Caribe, África o Sudamérica: nace una versión tropical del ajoblanco. La leche de coco no solo aporta cremosidad, sino que conversa con la almendra como si hubieran estado destinadas a encontrarse. Ambas nacen de árboles generosos, capaces de alimentar a pueblos enteros sin exigir demasiado a la tierra.

Hoy los supermercados están llenos de productos exóticos, pero hubo un tiempo en el que había que salir a buscarlos con intuición. Los locutorios —que fueron mucho más que simples cabinas telefónicas— eran verdaderos vergeles de ingredientes extraordinarios. Allí descubrimos las primeras latas de leche de coco, las yucas frescas, los ajíes picantes, las tortitas de maíz. Para quienes empezamos a cocinar recetas exóticas mucho antes de que las tiendas online nos resolvieran la vida, estos rincones escondían un mundo entero de posibilidades. Eran nuestro mapa del tesoro.

Si no consigues almendra fresca, lo más parecido —y digno— es usar almendra cruda con piel, aunque debes dejarla en remojo durante doce horas y pelarla después. Quedará suave, blanca y lista para dar cuerpo a esta sopa que, aunque nacida de la humildad, es una joya del recetario del sur con vocación viajera.

60 g de almendra cruda pelada, 1 diente de ajo pequeño, 25 g de miga de pan del día anterior, 100 ml de leche de coco muy fría, 100 ml de agua fría, 25 ml de aceite de oliva virgen extra, 1 cucharada sopera de vinagre de Jerez, sal y pimienta negra molida al gusto.

ELABORACIÓN

Coloca la miga de pan en un cuenco y cúbrela con el agua fría. Déjala en remojo durante unos cinco minutos para que se ablande bien. Mientras tanto, pela el ajo, retira el germen central y colócalo en el vaso de la batidora junto con las almendras y la miga escurrida. Añade la leche de coco y tritura a velocidad alta durante al menos dos o tres minutos, hasta que la mezcla esté muy fina.

Incorpora el vinagre, una pizca generosa de sal y un poco de pimienta, y sigue batiendo. Con el motor en marcha, ve añadiendo el aceite poco a poco, para que emulsione y resulte una textura más sedosa. Guarda en la nevera al menos un par de horas antes de servir.

Topping sugerido: unos dados de salmón ahumado o, si te animas, un tartar.

Crema de tzatziki

En junio de 2023 visité Grecia por primera vez. Compré los vuelos en enero y sorprendí a mi marido por su cumpleaños —el 12 de febrero— con un viajecito de una semana a Santorini e Ios. Se llama regalo *boomerang*, porque lo lanzas y vuelve a ti para que el disfrute sea conjunto. Soy bastante experta en la materia...

Pese a la masificación de la isla más popular de las Cícladas, conseguimos esquivar las mayores turistadas y encontrar tesoros ocultos, aunque donde disfrutamos de una auténtica experiencia de taberna griega fue en un pueblito aislado de Ios, la isla vecina. Era una taberna con una terraza de mesas coloridas, muchos gatos y gente local, y fuimos a cenar varias veces. La segunda noche probamos una sopa fría de yogur y pepino increíble que nos sirvieron, a modo de cortesía, en unos cuencos pequeños. Como un *tzatziki*, pero bebible.

La cocina griega es puro frescor mediterráneo, contiene todo lo que está bien en la vida: yogur espeso y cremoso, tomates dulces, pepinos crujientes, buen aceite de oliva, pan, queso feta, muchas hierbas aromáticas y platos sencillos que saben a verano. Ya de vuelta a casa, intenté replicar aquella sopa varias veces, pero fue el encargo de este libro el que me hizo desbloquear de verdad ese recuerdo y ponerme en serio hasta dar con una receta que le hiciera justicia.

Han pasado un par de años de esa cena, así que no sé si la memoria de mi paladar es cien por cien fiel; pero lo que sí sé es que esta versión me transporta directamente a aquella noche en la terraza griega con vistas al Egeo, a las luces cálidas y al tintineo de los vasos de ouzo.

Ah, un apunte importante: en esta receta, el yogur tiene que ser griego. No hay negociación posible. Necesitamos esa textura densa y sedosa para que esta sopa tenga cuerpo y alma. Como en la taberna.

INGREDIENTES PARA 2 PERSONAS
*200 ml de yogur griego (mejor si es de cabra),
1 pepino, ½ cebolleta pequeña, el zumo de ½ limón,
un puñadito de hojas de hierbabuena, otro
de perejil fresco, 4 cucharadas de aceite de oliva
virgen extra, 100 ml de agua muy fría*

(o un poco más si te gusta más ligera)
sal, pimienta negra molida.

ELABORACIÓN

Lava bien el pepino, pélalo parcialmente y rállalo sobre un colador. Añade un poco de sal, mezcla con las manos y deja reposar unos diez minutos para que suelte el exceso de agua. Una vez transcurrido ese tiempo, apriétalo con suavidad contra el colador para extraer toda la humedad.

Pon el pepino escurrido en el vaso de la batidora y añade la cebolleta picada, el zumo de limón, el aceite, las hierbas frescas, un poco de pimienta negra y el agua fría. Tritura hasta conseguir una mezcla homogénea y ligera. Incorpora el yogur y vuelve a batir, esta vez a baja potencia (o simplemente mezcla con una espátula), para que no pierda cremosidad. Prueba la sal y ajusta el espesor añadiendo más agua si lo necesitas.

Déjala enfriar bien en la nevera antes de servir: cuanto más fría, más rica.

Topping sugerido: un hilo de aceite de oliva, unas hojitas de hierbabuena y pepino rallado por encima. Si te apetece, unas migas de queso feta tampoco le van nada mal.

Crema griega
de tomate y yogur

Muchas veces, para inventar nuevas recetas, juego un «¿Y si...?» culinario. ¿Y si el gazpacho lo hubiera inventado un griego? ¿Y si el marmitako fuera una receta tradicional de la Toscana? ¿Y si el salmorejo llevara *wasabi*? (Vale, esta última no la he probado... aún). De esos pequeños ejercicios nacen algunas combinaciones interesantes.

La receta de esta crema fría de tomate y yogur es heredera directa de una de esas fantasías. Me imaginé a un griego en mitad de una ola de calor en Atenas abriendo la nevera y buscando algo refrescante: unos tomates maduros, un par de yogures, aceite de oliva, unas hojitas de orégano fresco... Y entonces, en lugar de montar una ensalada, decide batirlo todo. Bien aliñadito. Una especie de gazpacho con acento heleno.

El resultado es una crema ligera y suave, con ese punto ácido y láctico que le da el yogur y que combina a la perfección con el dulzor del tomate maduro. Sirve como entrante, como refresco a media tarde o como cena ligera cuando el cuerpo no quiere mucha historia.

No todos los «¿Y si...?» funcionan, pero este, créeme, merece un sitio fijo en tu mesa en verano.

INGREDIENTES PARA 2 PERSONAS

*500 g de tomates pera bien maduros
(mejor si están casi a punto de pasarse),
1 yogur griego natural, 1 cucharadita de sal,
1 cucharada de zumo de limón, 40 ml de aceite
de oliva virgen extra, unas hojitas
de menta fresca (al gusto), una pizquita
de orégano, una pizca de pimienta
negra molida, 100 g de hielo.*

ELABORACIÓN

Lava bien los tomates y córtalos en cuartos. Mételos en el vaso de la batidora junto con el yogur, la sal, el zumo de limón, la pimienta, las hojas de menta, el orégano, el hielo y el aceite. Tritura todo a máxima potencia hasta conseguir una crema ligera y sedosa.

Si te apetece, puedes pasar la mezcla resultante por un colador fino para quitar las pieles y las pepitas, pero no es obligatorio: a veces, lo rústico también tiene su encanto. Guárdala en la nevera hasta el momento de servir, que esté bien fría.

Topping sugerido: tomates cherri cortados por la mitad y un chorrito de aceite de oliva.

Sopa fría de melón con jamón

Hay algo entrañable en la cocina viejuna, esa que ahora miramos con una ceja levantada, pero que en su día lo petaba: áspic de marisco, cóctel de gambas en copa de cristal, rosetones de puré hechos con manga pastelera, canapés con huevo hilado... Y, por supuesto, la reina absoluta de las cenas de gala y de los veranos ochenteros: el melón con jamón.

En una esquina de la cocina de casa de mis padres estaba la colección de libros de *La buena mesa, enciclopedia gastronómica*, que seguramente regalarían con algún periódico (¡o después de alguna gestión en el banco!). Sus fotos, que parecían hechas con un mal filtro de Instagram, eran hipnóticas. Todo estaba hipersaturado: los tomates eran de un color rojo chillón, las mayonesas casi fluorescentes, y había una obsesión por decorar los platos con lechuga rizada y rodajas de huevo duro. Pero a mí me fascinaba, y con doce años podía pasar horas hojeando esas propuestas.

Una cosa que me llama la atención de esa época es la osadía con la que se combinaban ingredientes que, *a priori*, no deberían haber coincidido jamás en un plato. Pero lo hacían. Y lo peor es que... a veces salía bien. Es el caso del melón con jamón. No tiene mucho sentido: una fruta dulzona, acuosa y fría con un embutido salado y curado. Pero hay algo ahí que funciona. El contraste de texturas, de temperaturas, de sabores... te sorprende. Y esa es un poco la gracia de reinterpretar esas recetas viejunas: tomar algo que parecía pasado de moda y darle una vuelta para que apetezca de nuevo.

Esta sopa fría de melón con jamón es justo eso: un homenaje a los veranos de abanico y ventilador, a los platos con nombre francés que no eran franceses y a esos libros de cocina que enseñan más sobre cómo se comía en cada época que muchos tratados de historia. Es una receta sin florituras, pero con un punto de cariño y sentido del humor. Porque, en el fondo, la cocina de entonces tiene bastante de eso: un poco de fantasía, un mucho de nostalgia... y jamón en todas sus formas.

INGREDIENTES PARA 2 PERSONAS

500 g de melón muy maduro y bien frío (tipo piel de sapo o cantalupo si te atreves con el toque de color), 2 lonchas finas de jamón ibérico, 1 yogur griego natural sin azúcar, 1 cucharada de aceite de oliva virgen extra, 1 pizca de sal, 1 cucharadita de vinagre suave (puede ser de manzana o de Jerez), 2 hojas de menta fresca (opcional), 4 cubitos de hielo, un chorrito de aceite de oliva virgen extra, pimienta negra recién molida.

ELABORACIÓN

Pela el melón, quítale las semillas y córtalo en dados grandes. Coloca la fruta en el vaso de la batidora con el yogur, el aceite, la sal, el vinagre, la menta (si decides usarla) y los cubitos de hielo. Tritura todo a máxima potencia hasta conseguir una crema ligera y bien integrada. Guarda en la nevera hasta servir, bien fría.

Para servir, reparte la crema en cuencos y decora con las lonchas de jamón —enteras, picadas o en virutas—, un chorrito de aceite de oliva y pimienta negra recién molida.

Crema de aguacate

El verano de 2016, con veinticinco años y una mochila a cuestas, me fui a recorrer Kenia de la mano de un chico al que acababa de conocer (y que terminaría siendo mi marido). Teníamos poco presupuesto y muchas ganas de aventura. Así llegamos a Kilifi, un pequeño paraíso costero donde dormíamos en un *ecolodge* con vistas al Índico. Tenía duchas al aire libre, electricidad limitada, una huerta que abastecía al restaurante y miles de árboles de aguacate rodeando nuestra tienda de campaña.

Cada mañana, la chica del bar cogía un aguacate maduro y nos lo untaba en las tostadas como si fuera mantequilla. Era todo lo que necesitábamos para empezar el día: pan, fruta y mar. Aquellos aguacates de Kilifi se me quedaron grabados en la memoria. Como los de Cuba, dos años después, que comprábamos en el mercado para tomarlos de desayuno en nuestra terraza de La Habana y eran igual de gigantes. Eso es lo que tiene viajar: que a veces se hace con los pies y a veces, a través del paladar.

Aunque hoy el aguacate nos parece más propio de tostadas y ensaladas, su textura cremosa hace que funcione de maravilla en sopas, *mousses* o incluso helados veganos. Yo nunca he estado en México, así que tengo cero pruebas, pero también cero dudas de que una sopa fría como esta te transporta de golpe a Michoacán.

México es el paraíso del aguacate, la casa del guacamole. Sin embargo, sorprendentemente, las sopas frías no son muy comunes allí, ni siquiera en las zonas más cálidas, donde prefieren contrarrestar el calor con cremas que hierven. Esta crema de aguacate es una excepción deliciosa, una rareza que nació en la cocina contemporánea y que se ha ganado un hueco en los menús de los restaurantes más tradicionales.

En esta receta, el truco está en usar piezas muy maduras, ya que si están verdes, la sopa no sabrá a nada. O, aún peor, saldrá amarga. Pero si aciertas con la fruta, no necesitas mucho más. Bueno, sí, un caldo de pollo casero que tendrás que preparar con anterioridad. Ups.

*250 g de pulpa de aguacate muy maduro
(aproximadamente 2 aguacates medianos),
500 ml de caldo de pollo frío y desgrasado,
¼ de cucharadita de pimienta negra molida,
½ cucharadita de ajo picado muy fino
o machacado, ½ cucharadita de sal.*

ELABORACIÓN

Parte los aguacates por la mitad, retira los huesos y saca las pulpas con una cuchara. Colócalas en el vaso de la batidora junto con el caldo frío, el ajo, la pimienta y la sal. Tritura todo a velocidad alta hasta obtener una crema muy fina, lisa y con textura sedosa. Prueba y ajusta el punto de sal.

Guarda en la nevera hasta el momento de servir: cuanto más fría, más refrescante será.

Topping sugerido: una cucharada de yogur griego, tomate en dados y un poco de perejil o cilantro.

Sopa fría
de guisantes

Cuando mi hermano Andoni empezó a trabajar en un restaurante con estrella Michelin, tenía un compañero de prácticas que se creía el próximo Dabiz Muñoz. Venía con ganas de hacer esferificaciones, humos, gelificaciones y fuegos artificiales. Pero en la cocina, como en la vida, hay que empezar por lo básico. Así que, como escarmiento, lo mandaron a cortar perejil una semana entera. Porque en una cocina de verdad todo es importante, desde un fondo bien hecho hasta un manojo de hierbas bien picado.

Mi amiga Belén me contaba que en un restaurante de Donosti donde hizo prácticas, durante días, su única tarea fue desenvainar guisantes. Así, uno por uno. En esta era del *mindfulness* forzado y los retiros de silencio, a mí eso me parece un planazo meditativo de primer nivel: pelar guisantes sin prisa, con buena música de fondo o en silencio, y cocinar con calma.

En fin. Me parece mentira que esa guarnición triste de guisantes que apartaba sin piedad en el comedor de la *ikastola* se haya convertido en una de mis verduras favoritas. A mi favor diré que aquella mezcla verde mustia, blandurria y desganada no tenía nada que ver con los guisantes que cocino hoy: de temporada, recién pelados, cocidos lo justo para que mantengan ese color esmeralda y ese crujido delicado que los convierte en pequeñas joyas comestibles.

Sí, joyas. O, como dicen algunos con tono algo pretencioso (pero no sin razón), caviar vegetal. El guisante lágrima es probablemente el mejor ejemplo de cómo algo tan humilde puede escalar hasta colarse en la alta cocina. Cultivado con mimo en huertos de la costa vasca, recogido al alba y desgranado a mano, su precio puede alcanzar los cuatrocientos euros el kilo. Sí, cuatrocientos.

Quién le iba a decir a un guisante que acabaría partiendo el bacalao.

Ahora bien, no hace falta que te gastes una fortuna para hacer esta crema. Con unos guisantes frescos de temporada (o incluso con unos congelados de buena calidad) sale de mil amores. Servida bien fría, es un canto a la primavera, a la cocina que respeta el producto y a esas recetas que, sin grandes aspavientos, te conquistan bocado a bocado.

INGREDIENTES PARA 2 PERSONAS

*200 g de guisantes, ½ cebolleta, ½ puerro,
1 diente de ajo pequeño, ½ cogollo de lechuga,
500 ml de agua muy caliente, ½ pastilla de caldo
de verduras, 3 cucharadas de queso crema,
unas ramitas de perejil fresco, 1 cucharada
de zumo de limón, 3 cubitos de hielo, aceite
de oliva virgen extra, sal y pimienta al gusto.*

ELABORACIÓN

Rehoga la cebolleta, el puerro y el ajo en una cazuela con un chorrito de aceite de oliva y una pizca de sal hasta que estén blanditos. Añade la media pastilla de caldo desmenuzada, el agua caliente y la lechuga troceada. Lleva a ebullición y, cuando empiece a hervir, incorpora los guisantes. Deja cocer durante dos minutos, lo justo para que estén tiernos y sigan manteniendo su color brillante. Retira del fuego, cuela el contenido y separa las verduras del caldo. Guarda ambos en la nevera hasta que estén bien fríos.

Una vez refrigerados, coloca en el vaso de la batidora las verduras cocidas, el queso crema, los cubitos de hielo, el caldo reservado, las hierbas frescas deshojadas y el zumo de limón. Tritura a velocidad alta hasta obtener una crema fina, ligera y de color verde vibrante. Prueba y ajusta de sal y pimienta.

Topping sugerido: una cucharada de yogur, un chorrito de aceite de oliva virgen extra y ralladura de limón.

Sopa fría de zanahoria, coco y jengibre

Hubo un tiempo en el que yo estaba obsesionada con estar morena. Quién me ha visto y quién me ve. Ahora voy con un gorro de ala ancha, gafas de sol tamaño XXL y protección 50 hasta en los empeines para combatir el melasma. Más blanca que una tiza. Pero hubo una época dorada (nunca mejor dicho) en la que las manchas faciales no suponían un riesgo en mi vida y el objetivo de cada verano era alcanzar el codiciado tono *risketo* a cualquier precio.

Para ello, mis amigas y yo nos enfundábamos en aceites de coco con protección SPF 4 (si es que a eso se le puede llamar protección…). Pasábamos tardes enteras en la toalla, dándole la vuelta a nuestros cuerpos como si fuésemos calamares a la plancha, y seguíamos religiosamente dietas probetacaroteno. Zanahoria en todas sus formas y versiones, vaya…: en *smoothie* por la mañana con zumo de naranja, rallada en ensalada a la hora de comer y en crema por la noche, «que dicen que así se absorbe mejor».

Esa operación bronceado ya quedó atrás, pero me dejó de regalo el amor por la zanahoria. Esta sopa fría es como la versión adulta, sensata y (por fin) deliciosa de aquel ritual. Aquí, la zanahoria se cocina suavemente para potenciar su dulzor natural, se mezcla con leche de coco para aportar cremosidad sin lácteos y se aviva con un toque de jengibre, que refresca y da carácter. Es una receta ligera, vegana y de esas que parecen más sofisticadas de lo que en realidad son.

Ideal para días calurosos, cuando no apetece comer caliente y necesitas algo que entre suave, pero que tenga personalidad. Servida bien fría, decorada con unas almendras tostadas, un chorrito de lima o unas hojitas de cilantro, se convierte en un plato inolvidable. Y sí, sigue teniendo betacarotenos, pero esta vez nos podemos saltar eso de abrasarnos al sol.

INGREDIENTES PARA DOS PERSONAS
300 g de zanahorias, 200 ml de leche de coco,
200 ml de agua o caldo vegetal suave,

*½ cucharadita de jengibre fresco
rallado, 1 cucharada de zumo de lima,
1 cucharada de aceite de oliva virgen
extra, sal al gusto.*

ELABORACIÓN

Calienta el aceite de oliva en una cazuela y añade las zanahorias peladas y cortadas en rodajas finas con una pizca de sal. Rehógalas a fuego medio durante cinco o seis minutos, hasta que empiecen a ablandarse sin dorarse. Añade el jengibre rallado y remueve un par de minutos más. Incorpora el agua (o caldo) y deja cocer a fuego suave unos quince minutos, hasta que la zanahoria esté bien tierna.

Retira del fuego, añade la leche de coco y el zumo de lima, y tritura todo hasta obtener una crema fina y sedosa. Si la prefieres más ligera, puedes añadir un poco más de agua fría hasta ajustar la textura a tu gusto. Deja enfriar en la nevera al menos una hora antes de servir.

Topping sugerido: unas almendras laminadas tostadas, un chorrito de leche de coco o de yogur vegetal, hojas de cilantro fresco (opcional).

Vichyssoise de peras

En mi euskera natal, a la pera la llamamos *udare*, y no deja de hacerme gracia que se parezca tanto a *udara*, que significa «verano». Como si el idioma ya supiera lo que nosotros a veces olvidamos: que las peras son una fruta estival; jugosa, madura y lista para ser recogida justo cuando el calor aprieta y los árboles empiezan a doblarse por el peso de sus regalitos. Esta coincidencia fonética despeja cualquier duda: la *udare* es hija del verano. Por eso, esta versión de la *vichyssoise* de pera —fresca, ligera y con un punto dulce— no podía sino nacer en pleno agosto.

Si buscas una versión más tradicional de la *vichyssoise*, siempre puedes recurrir a la receta clásica que he incluido en el capítulo de cremas calientes y, simplemente, dejarla enfriar. Pero si lo que te apetece es algo con chispa, con un perfume frutal que la haga inolvidable, esta propuesta es una alternativa perfecta.

Para rizar el rizo, vamos a añadirle una cucharada de queso azul. Sí, has leído bien. Si la pera y el queso ya hacen buena pareja en una tabla, imagínatelos bailando juntos en una crema sedosa y servida bien fría. Porque el verano pide cosas distintas. Una *udare* en plena *udara*, y una receta que no tiene ninguna intención de pasar desapercibida.

INGREDIENTES PARA 2 PERSONAS
2 peras maduras tipo conferencia,
2 puerros, 1 patata mediana, 600 ml de caldo
de verduras suave, 150 ml de leche entera,
75 ml de aceite de oliva virgen extra,
50 ml de vino blanco seco, 1 cucharada
colmada de queso azul
(gorgonzola o similar), sal al gusto,
pimienta rosa recién molida.

ELABORACIÓN

Limpia bien los puerros y córtalos en rodajas finas. Pela la patata y trocéala en dados pequeños. En una cazuela mediana, calienta el aceite y rehoga los puerros con una pizca de sal a fuego medio hasta que estén blandos y ligeramente dorados. Añade la patata, remueve un par de minutos y vierte el vino blanco. Deja hervir un momento para que el alcohol se evapore y el líquido reduzca un poco.

Pela las peras, quítales el corazón y trocéalas. Incorpóralas a la cazuela junto con el caldo de verduras y la leche. Cocina todo a fuego suave durante quince o veinte minutos, hasta que la patata y la pera estén tiernas.

Tritura la mezcla en caliente junto con el queso azul para obtener una crema fina y homogénea. Si quieres una textura aún más sedosa, puedes pasarla por un colador fino. Ajusta de sal y añade un poco de pimienta rosa para darle un toque floral y delicado.

Déjala enfriar completamente y sírvela fría tras un par de horas en la nevera.

Topping sugerido: unos picatostes, un poco de pera pelada en daditos.

Toppings

Hay algo mágico en ese gesto de hundir por primera vez la cuchara en una crema y encontrar, justo en la superficie, un pequeño universo de texturas y aromas: unas semillas tostadas, unos crujientes de verdura, un chorrito de aceite de oliva virgen extra, un toque de queso o unas hierbas recién picadas.

Cuando era pequeña, en casa siempre había un detalle encima de la crema: unos trocitos de pan frito, mis amados picatostes. Pero nada de esos cuadraditos secos que ponían en el comedor del colegio (seguramente sacados de algún paquete de origen industrial), mi madre los hacía con el pan que sobraba del día anterior, con abundante aceite, fritos de verdad.

Los toppings no son solo un adorno. Son el alma crujiente, el contraste, la sorpresa.

Porque, aunque el cuerpo se alimenta con la crema, son los toppings los que despiertan los sentidos y los que hacen que desaparezca de un plumazo esa inmerecida fama de aburridos que tienen estos platos de cuchara.

Pasé años sin conocer otra guarnición para purés que no fueran los tostones de pan fritos. Pero recuerdo una vez, ya adolescente, que mi *amama* Tere me sirvió una crema de calabaza con un chorrito de aceite de cayena que me voló la cabeza. En la familia de mi padre siempre se ha cocinado «con alegría», como se dice en el País Vasco; y no sé si es por costumbre, por gusto adquirido o por verdadera pasión, pero me encanta el picante, así que adopté enseguida ese gesto de poner un chorrete de aceite cañero a las cremas de verduras.

Cuando, ya de mayor, empecé a coleccionar los libros de cocina que me enseñaron a guisar, descubrí que había un mundo más allá de los picatostes y el aceite picante: un chorrito de nata por aquí, un poco de puerro crujiente por allá... Claro, pensé, la cocina está para divertirnos, arriesgarnos, experimentar con texturas e ingredientes... y los toppings nos dan una oportunidad increíble para dar rienda suelta a nuestra imaginación. Si vamos a comer y cocinar todos los días, mejor hacer divertido el proceso, ¿no?

En estas páginas, quiero invitarte a que juegues, a que combines, a que (como en aquellos libros de aventuras en los que tú decidías cómo continuaban) te animes a crear tu propio final para cada plato. Porque, a veces, un puñado de semillas o un chorrito de aceite bien puesto lo cambian todo.

Ideas sencillísimas de toppings
para improvisar en casa

A veces no hace falta complicarse: basta con añadir un ingrediente sencillo de la nevera o la despensa. Aquí van algunos clásicos versátiles que pueden redondear cualquier crema... si los usas con un poco de intuición.

- **Queso feta desmigado**
  Salado, cremoso y con personalidad. Ideal para cremas frías como las de remolacha, tomate o pepino. Mejor evitarlo en combinaciones muy dulzonas, como en una crema de calabaza con manzana.

- **Huevo cocido**
  Aporta proteína y textura. Bien picadito, va genial con cremas suaves: de puerro,

de patata o de espárragos, por ejemplo.
Sobre una crema fría de guisantes también
es un acierto.

- **Huevo poché**
  Más efectista y lujoso. La yema untuosa
  hace magia en cremas templadas de setas,
  alcachofas o espinacas. Mejor evitarlo en
  versiones frías o muy ligeras.

- **Lámina de ventresca de atún**
  Potente y melosa. Queda brutal en una
  crema de tomate, en una de berenjena
  o incluso en una de pimientos asados.
  Preferiblemente, no combinar con cremas
  que lleven fruta o lácteos dulces.

- **Pipas de calabaza o girasol tostadas**
  Crujientes y neutras. Funcionan con casi todo,
  pero brillan sobre todo en cremas de zanahoria,
  calabaza o coliflor.

- **Frutos secos (nueces, almendras, avellanas)**
  Un toque crujiente y elegante. Van muy bien

en cremas con fondo de raíz o tubérculo, como chirivía, apionabo o calabaza.

- **Un chorrito de nata, *crème fraîche* o yogur**
Para añadir cremosidad y contraste. Quedan bien en casi cualquier crema caliente. Si es yogur, úsalo en cremas frías y con sabores limpios, como las de calabacín, pepino o aguacate.

- **Aceites de oliva especiados o picantes**
Perfectos para rematar. Un aceite de guindilla en una crema de lentejas, uno de romero en una de setas o uno de limón en una de coliflor. Evita los aceites muy aromáticos en cremas frutales.

- **Ralladura de naranja o limón**
Muy potente: con una pizca, basta. Acompaña genial cremas de zanahoria, calabaza o remolacha. Mejor evitarla en cremas con sabor vegetal puro, como la de brócoli o la de espinacas.

- **Hierbas frescas (albahaca, menta, cebollino, eneldo, perejil...)**
  El toque final. Juega con contrastes:
  albahaca en cremas de tomate, eneldo con
  guisantes, menta para las cremas frías, perejil
  o cebollino en casi todo...

- **Fruta fresca en dados (manzana, mango, pera, granada...)**
  Un topping atrevido y refrescante. Va muy
  bien en cremas frías, especialmente si tienen
  un punto ácido o especiado. Prueba a echar
  mango en el gazpacho, granada en la crema
  de remolacha o manzana en una de apio.

Chips crujientes de calabacín

Hay veces en que un ingrediente pide desdoblarse, como si no le bastara con estar solamente en el guiso. No solo quiere estar, también quiere destacar. Y entonces ocurre la magia: al tiempo que da cuerpo a la crema, se convierte en su topping crujiente. Una especie de eco, de juego de texturas que transforma el plato en algo más redondo. El calabacín, tan discreto a veces, se presta de maravilla a esta doble función. En crema es suave, pero en forma de chips se vuelve crujiente y salado. Y al unir ambas versiones en un mismo cuenco, el resultado es maravilloso. No se trata de añadir por añadir, sino de reforzar, de construir capas. Porque cuando la textura entra en juego, incluso las cremas más sencillas se sienten especiales.

1 calabacín pequeño, 1 cucharada de aceite de oliva, sal en escama, una cucharadita de nuestra especia favorita (opcional).

ELABORACIÓN

Corta el calabacín en láminas finas y sécalas bien con papel de cocina para que suelten toda su agua. Mézclalas en un bol con el aceite, la sal y alguna especia que te guste. Colócalas en una bandeja de horno sin amontonar y ásalas veinte minutos a 170 °C. Deja enfriar en una rejilla y listo.

Picatostes

Pocos ingredientes hablan tanto de la cocina española como el pan frito. El pan nos acompaña desde hace siglos, siempre dispuesto a resucitarse a sí mismo cuando ya está duro, a reinventarse sin que nadie le pida demasiado. En forma de picatostes, ese pan de días pasados se convierte en oro crujiente: un clásico que aparece como tostadas fritas con azúcar en los desayunos con café con leche, acompañando a platos salados, como el pisto o los revueltos de champiñones, y, cómo no, coronando cremas y sopas como quien se pone un sombrero elegante antes de salir.

No son un adorno, son un gesto. Un recuerdo de que, en esta tierra, nada se tira y todo se transforma. Que la cocina de aprovechamiento no es un plan B, sino una forma de arte con siglos de historia. Y que un buen picatoste —siempre frito, crujiente por fuera, un pelín tierno por dentro, bien dorado y con un punto de sal— puede cambiar por completo la experiencia de comer una crema. Si algún día una cuchara te parece aburrida, prueba a dejar caer unos dados de pan frito. Verás cómo se despierta el paladar... y también la memoria.

INGREDIENTES

2 rebanadas de pan de barra del día anterior, aceite de oliva para freír, un diente de ajo (opcional).

ELABORACIÓN

Corta el pan en dados pequeños y, si quieres darle un toque extra, frótalos ligeramente con un diente de ajo pelado. Fríe en abundante aceite durante cinco minutos y retira el exceso de aceite en un plato con papel absorbente.

Picatostes especiados al horno (pijos)

Estos no son los picatostes de siempre. Son sus primos pijos, los que van al horno en vez de a la sartén, se perfuman con hierbas frescas y se presentan en la mesa con ese aire de «Yo ya he pasado por esto, pero ahora prefiero algo más fino». Y lo cierto es que tienen su gracia.

Conservan todo lo bueno del pan crujiente —ese mordisco, ese contraste—, pero son más ligeros. Un dado de pan bien horneado con aceite de oliva y romero puede hacer más por una crema que muchos ingredientes exóticos. Y como las especias van al gusto, puedes adaptarlos a la ocasión: más intensos o más suaves, más verdes o más tostados.

*2 rebanadas de pan rústico,
2 cucharadas de aceite, ½ cucharada
de mezcla de especias tipo zaatar
o hierbas provenzales.*

ELABORACIÓN

Corta el pan en dados pequeños, de tamaño bocado. Mézclalos en un bol con el aceite, sal y las especias elegidas. Si quieres darle un puntito cítrico, añade una pizca de ralladura de limón.

Extiende los dados en una bandeja de horno cubierta con papel, sin que se amontonen, y hornea a 180 °C durante unos ocho o diez minutos, removiendo a mitad de cocción. Cuando estén dorados y crujientes, déjalos enfriar sobre una rejilla.

Tapenade de aceitunas negras

Durante años pensé que no me gustaban las aceitunas negras, y no era del todo culpa mía: las únicas que había probado venían secas y tristes sobre pizzas congeladas, como si estuvieran allí más por decoración que por sabor. Así no hay quien se enamore. Yo hacía mis tapenades con aceitunas verdes manzanilla, que quedan bien, sin más. Hasta que viajé a Grecia y probé la variedad kalamata: carnosas, intensas, con ese punto casi afrutado que te obliga a cambiar de opinión.

Desde entonces, me reconcilié con las olivas negras. Y descubrí otras joyitas, como unas italianas que compro en Basoan, mi tienda de productos orgánicos de confianza en Algorta. Las he incorporado a ensaladas, sí, pero también he hecho muchos tapenades, y siempre me sorprende lo bien que combinan con cremas de verduras. Porque, aunque no sea lo más intuitivo, una cucharadita de tapenade en una crema de tomate asado o en una de berenjena ahumada puede cambiar el juego.

Lleva ajo, anchoas, hierbas..., pero el alma está en la aceituna. Así que, si vas a hacerlo, hazlo bien: elige una buena oliva y prepárate para entender por qué en la Provenza lo sirven casi como un perfume comestible.

*100 g de aceitunas negras sin hueso
(tipo kalamata o de Aragón), 1 cucharadita
de alcaparras, 1 diente de ajo pequeño,
3 filetes de anchoa en aceite, 2 cucharadas
de aceite de oliva virgen extra,
una pizca de tomillo o
romero secos.*

ELABORACIÓN

Escurre bien todos los ingredientes y tritúralos con una batidora de brazo o en un mortero hasta conseguir una pasta gruesa. Añade el aceite poco a poco hasta que quede bien ligada. Si te apetece, añade unas gotas de limón para darle un punto más fresco.

Guárdala en un tarrito en la nevera y, justo antes de servir tu crema, añade una cucharadita por encima. También puedes diluirla con un poco más de aceite para que caiga en hilito.

Tartar de salmón

En nuestra cultura, el pescado crudo siempre ha generado cierto recelo. Mi suegra, por ejemplo, no lo ha probado nunca y jura por lo más sagrado que no lo hará jamás. Pero algo ha cambiado en los últimos años. Hoy lo encontramos en *pintxos*, en picoteos de boda, en los entrantes de muchos gastrobares, en restaurantes peruanos o japoneses y hasta en cenas informales entre amigas. De hecho, tengo varias que prefieren el salmón crudo al cocinado.

Está claro que el tartar se ha hecho un hueco en nuestras mesas. Y en mis cremas, también. Me encanta cómo funciona como topping en versiones frías: en una crema de aguacate, sobre una *vichyssoise* veraniega o incluso como contrapunto salado en un gazpacho de mango. Aporta textura, frescor y ese punto sofisticado que convierte un plato sencillo en algo digno de celebración.

INGREDIENTES

*100 g de salmón fresco sin piel ni espinas,
1 cucharadita de cebolla morada muy
picada, 1 cucharadita de pepinillo picado,
1 cucharada de cebollino, 1 cucharadita de zumo
de lima, 2 cucharadas de aceite de oliva virgen
extra, 1 cucharada de salsa de soja.*

ELABORACIÓN

Corta el salmón en daditos pequeños con un cuchillo bien afilado. Mézclalo en un bol con el resto de los ingredientes y deja reposar durante diez minutos en la nevera para que se integren los sabores.

Puerro
frito crujiente

Si te preguntara qué verduras base son imprescindibles en tu cocina, estoy segura de que dirías cebolla o ajo. Son la madre del sofrito, el punto de partida de mil recetas. Pero hay quien dice que el puerro es como la cebolla, pero con sombrero de copa: más fino, más sutil, más discreto. Mientras la cebolla entra en escena haciéndose notar, el puerro se cuela sin hacer ruido, aportando dulzor y profundidad sin eclipsar. Además, ni pica ni hace llorar.

Eso sí, hay que limpiarlo bien. El puerro es experto en esconder tierra entre sus capas. Haz un corte en cruz desde la parte verde, ábrelo como si fuera una flor y pásalo bajo el grifo. Así te aseguras de que el crujiente viene del fuego... y no de la tierra.

En esta receta le damos el lugar que se merece, friéndolo en tiras hasta que queda dorado y crujiente, como hilos de oro vegetal. Es un topping espectacular para coronar cremas suaves de calabacín, de patata, de setas... y, por supuesto, de puerro. Aporta textura, sabor y ese toque bonito que hace que el plato diga «Esto está hecho con cariño».

INGREDIENTES

1 puerro (solo la parte blanca),
2 cucharadas de almidón de maíz, aceite
para freír, una pizca de sal.

ELABORACIÓN

Lava bien el puerro, sécalo y córtalo en tiras muy finas, tipo juliana. Seca de nuevo con papel de cocina (esto es clave para que no salte el aceite y queden bien crujientes). Pon las tiras en un bol y añade el almidón. Remueve con las manos para que queden bien rebozadas, sin apelmazarse.

Fríe el puerro por tandas, durante uno o dos minutos, hasta que se vea dorado y burbujeante. Escurre sobre papel absorbente y añade una pizca de sal mientras aún está caliente.

Granola salada

Seguro que alguna vez has picoteado de esas bolsitas de revuelto salado con maíces, frutos secos y... garbanzos que nadie quería. Pues esto es algo parecido, pero en versión casera y afinada. Una granola salada, crujiente, especiada y hecha con lo que tú elijas —avena, semillas, frutos secos, hierbas, especias—, ideal para coronar cremas y ensaladas con un toque crocante y sorprendente.

Nos hemos acostumbrado a ver la granola como un desayuno dulce: con yogur, frutas, miel..., pero en su versión salada, puede cambiar por completo el plato. Basta un horneado corto, un buen aliño y un poco de creatividad para tener un topping que transforma cualquier crema suave en algo con más carácter, más textura y más alegría. Va genial sobre cremas de calabaza, de coliflor, de zanahoria..., pero también con sopas frías tipo gazpacho o *vichyssoise*.

Un puñado basta para añadir contraste, personalidad y ese crac que convierte cada cucharada en un pequeño festín. Y lo mejor es que, a diferencia del revuelto de bolsa, aquí no hay garbanzos incomibles: solo ingredientes elegidos por ti, tostados con mimo y con un punto de gracia.

INGREDIENTES

4 cucharadas de copos de avena, 2 cucharadas de semillas (calabaza, girasol, sésamo...), 1 cucharada de frutos secos picados (almendras, anacardos, nueces...), 1 cucharada de aceite de oliva virgen extra, 1 cucharadita de tamari o salsa de soja, ½ cucharadita de pimentón o curri (opcional), una pizca de sal.

ELABORACIÓN

Precalienta el horno a 160 °C. Mezcla todos los ingredientes en un bol hasta que todo esté bien impregnado. Extiende la mezcla sobre una bandeja de horno con papel, formando una capa fina. Hornea quince o veinte minutos removiendo a mitad de cocción para que se tueste de forma uniforme.

Vigila los últimos minutos para que no se queme. Deja enfriar por completo antes de usar. Guárdala en un tarro hermético y espolvorea sobre tus cremas justo antes de servir.

Bastones de hojaldre

Una de las primeras recetas que hice cuando empecé a cocinar en serio fueron unas palmeritas de hojaldre. Vi el paso a paso en un blog y me pareció mágico. No había que amasar, ni complicarse, solo hacer unas dobleces, echar un poco de azúcar y al horno. Era tan fácil que parecía trampa. Desde entonces, le tengo cariño al hojaldre porque lo tiene todo: crujido, mantequilla y encanto.

En un catering vi una vez unos hojaldres con forma de cuchara: servías el aperitivo encima y luego te comías también el utensilio. Me pareció brillante. Es como el pan..., pero con más mantequilla. Y eso siempre suma.

Puedes hacer los bastones sencillos, con sal gruesa, o darles un toque de queso, semillas o especias. Van genial con cremas suaves —de calabacín, de puerro, de coliflor—, y con otras más intensas, como una de champiñones o de tomate asado. Gustan a todos. Porque el placer de mojar y crujir es universal.

INGREDIENTES

1 lámina de hojaldre (mejor si es rectangular),
1 huevo batido (para pincelar),
1 cucharada de semillas (sésamo, amapola,
lino...), 1 cucharada de queso rallado
(parmesano, Idiazábal...), una pizca
de sal en escamas.

ELABORACIÓN

Precalienta el horno a 200 °C. Extiende la lámina de hojaldre sobre papel de horno y córtala en tiras de 1 cm o 1,5 cm de ancho y unos 10 cm de largo. Pincela con huevo batido. Espolvorea por encima las semillas, el queso y un poco de sal. Si quieres, puedes girar ligeramente las tiras sobre sí mismas para darles forma de espiral.

Coloca en una bandeja y hornéalos diez o doce minutos, hasta que los bastones estén dorados y bien crujientes. Deja enfriar sobre una rejilla. Sírvelos enteros apoyados en el cuenco o troceados encima de la crema.

Sándwich de queso fundido

Dicen que el sándwich de queso más grande del mundo lo prepararon en Vermont: más de una tonelada de peso, sesenta kilos de mantequilla y 1,6 kilómetros de pan cocinados con grúas sobre una plancha gigante. Lo que debería haber sido un sueño de queso fundido terminó siendo un desastre poco *instagrameable*, pero sirve para confirmar una cosa: el queso fundido levanta pasiones. Y no es para menos, porque un buen sándwich de queso —crujiente por fuera, meloso por dentro— es pura felicidad. Puede ser una cena en sí mismo, claro, pero si lo sirves junto a una crema de tomate asado y lo usas como barquita para mojar…, entonces rozas el cielo.

INGREDIENTES

2 rebanadas grandes de pan artesano,
2 lonchas de queso de vaca que funda bien

(cheddar, emmental, mozzarella...),
1 cucharadita de mantequilla.

ELABORACIÓN

Unta la mantequilla por una de las caras de las rebanadas de pan. Monta el sándwich y tuéstalo en la sartén a fuego medio hasta que esté dorado por ambos lados y el queso, completamente fundido (unos dos o tres minutos por cada cara). Déjalo reposar un minuto fuera del fuego para que asiente y luego córtalo en daditos pequeños o por la mitad.

Garbanzos crujientes al horno

Hubo un tiempo en el que los garbanzos solo tenían dos destinos: el cocido del domingo o el humus del táper. De repente, alguien decidió meterlos al horno con un poco de aceite, sal y especias... y se obró el milagro. Nacieron los garbanzos crujientes: tostaditos y adictivos.

Este topping tiene alma de *snack*. Sabe a picoteo, a aperitivo, a «Solo uno más» y acabas con la bandeja entera. Pero también es una manera genial de sumar proteína vegetal y textura a cualquier crema. Funcionan especialmente bien con sabores cálidos o especiados: zanahoria con curri, calabaza con comino, berenjena ahumada... Pero, ojo: si los garbanzos están bien tostados, te los comes hasta con una de puerro y patata.

La clave está en el horneado: que queden bien secos por dentro, crujientes por fuera y sin llegar a quemarse. Pueden llevar pimentón, cúrcuma, *ras el hanout* o lo que más te guste. Y si algún día te sobran (*spoiler:* no va a pasar), guárdalos para la ensalada del día siguiente.

INGREDIENTES

200 g de garbanzos cocidos (pueden ser de bote, bien escurridos y secos), 1 cucharada de aceite de oliva virgen extra, ½ cucharadita de pimentón, ½ cucharadita de comino molido, ½ cucharadita de curri, una pizca de sal.

ELABORACIÓN

Precalienta el horno a 200 ºC. Seca muy bien los garbanzos con papel de cocina (cuanta menos agua tengan, más crujientes quedarán). Mézclalos en un bol con el aceite, las especias y la sal.

Extiende sobre una bandeja con papel de horno en una sola capa. Hornea durante treinta o treinta y cinco minutos, removiendo un par de veces para que se doren por todos lados. Al sacarlos, déjalos enfriar por completo: es cuando se vuelven realmente crujientes.

Jamón crujiente al microondas

Una vez, de pequeña, hojeé un libro que proponía cocinar en el lavavajillas. Platos metidos en tarros mientras giraban junto a los cubiertos sucios. Aquel disparate se me quedó grabado. Cocinar en el microondas no llega a tanto..., pero casi. Aun así, hay preparaciones con resultados sorprendentes. Como el jamón crujiente. Va genial con cremas suaves como la de puerro, la de calabacín o la de espárrago, pero también con otras más potentes como la de lentejas o la de berenjena. Puedes servirlo en trocitos o en láminas enteras como topping principal. Y, aunque parezca sofisticado, se hace sin esfuerzo, sin encender fogones y sin manchar nada.

No todo lo que sale del microondas es triste. Algunas cosas —como este jamón— resultan gloriosas.

INGREDIENTES

2 lonchas finas de jamón serrano.

ELABORACIÓN

Coloca una hoja de papel de cocina en un plato. Encima, pon las lonchas de jamón bien extendidas y cúbrelas con otra hoja de papel de cocina. Lleva el plato al microondas a máxima potencia (aproximadamente, 800-900 W) durante un minuto y revisa: si no están crujientes aún, vuelve a meterlas en intervalos de veinte segundos hasta que queden secas y crujientes, pero sin quemarse.

Deja enfriar unos segundos: se endurecerán cuando pierdan temperatura. Luego puedes trocearlas en virutas o triturarlas ligeramente con los dedos.

Chips crujientes de alcachofa

Las probé por primera vez en Cádiz, en un restaurante frente al mar. Las sirvieron como aperitivo, finísimas y doradas, con una salsa romesco al lado que les iba como anillo al dedo. Mientras mojaba una, crujiente como una patata bien hecha, pensé: «Esto, en una crema, tiene que funcionar de maravilla». Porque cuando tienes un libro en la cabeza, todo se convierte en un posible topping, en inspiración. Te comes algo y ya estás visualizándolo en el cuenco.

Estos chips quedan increíbles sobre una crema de alcachofas, claro, más aún si quien la toma no sabe que ese verde suave que está comiendo también viene, en parte, de lo que hay encima. Entonces la cuchara se convierte en una pista.

INGREDIENTES

*2 alcachofas frescas, zumo de ½ limón,
1 cucharada de aceite de oliva virgen extra,
una pizca de sal.*

ELABORACIÓN

Limpia las alcachofas quitando las hojas exteriores más duras y corta las puntas. Quédate con los corazones y, si tienen pelusilla, retírala. Córtalos en láminas finas con la mandolina o con un cuchillo bien afilado y mételas en agua con limón unos minutos para que no se oxiden. Sécalas muy bien con papel de cocina y mézclalas con el aceite y una pizca de sal.

Coloca las láminas en una bandeja con papel de horno, sin que monten unas sobre otras. Hornea a 160 ºC durante veinte o veinticinco minutos, dándoles la vuelta a mitad de cocción. Vigila bien al final: se doran muy rápido.

Déjalas enfriar sobre una rejilla.

Pan naan fácil

La primera vez que viajé a la India fue en 2014. Viví cuatro meses en Pune, gracias a un programa de intercambio de la universidad, y volví con la cabeza llena de especias, colores y recuerdos. Ya me habían hablado de las samosas, del curri, de los mercados..., pero nadie, nadie, me había avisado de la existencia del *naan*.

El *naan* es un pan redondo, suave, recién hecho a la plancha, que hace de cuchara, de plato y de servilleta al mismo tiempo. Lo usas para comer guisos, salsas, verduras... y, de alguna manera, cambia la forma de comer. Lo entendí allí, mojando curri con las manos, sin cubiertos, y con todos los sentidos en el plato.

Desde entonces, cada vez que hago *naan* en casa, me parece un homenaje. Y como aquí hablamos de cremas, se me ocurre usarlo como un topping alternativo: como cuchara comestible si la crema es espesa o cortado en triángulos, a modo de picatoste exótico. Queda especialmente bien con cremas especiadas, con lentejas, con zanahoria, con coco o con calabaza.

120 g de harina de trigo, 1 yogur natural
(125 g, sin azúcar), ½ sobre de levadura
química, una pizca de sal, 1 cucharadita
de aceite de oliva.

ELABORACIÓN

Mezcla en un bol la harina, el yogur, la sal y la levadura química hasta formar una masa blanda pero manejable. Si está muy pegajosa, añade un poco más de harina; si está seca, un chorrito de agua. Amasa un par de minutos, forma una bola y déjala reposar, tapada, unos diez minutos.

Divide la masa en dos o tres porciones y estira cada una con rodillo dándole forma de óvalo o círculo fino. Cocina en una sartén caliente con unas gotas de aceite durante uno o dos minutos por cada lado, hasta que se infle y aparezcan burbujitas doradas. Sirve el *naan* caliente, tal cual, o pincelado con un poco de aceite y espolvoreado con hierbas.

Agradecimientos

¿Quién le iba a decir a aquella chavalita de la Gipuzkoa profunda, con diecisiete años recién cumplidos, un bachillerato de letras bajo el brazo y un caos hermoso en la cabeza, que acabaría dedicándose a la cocina? Que tras muchos versos, dudas y cuadernos garabateados con ideas, lo que terminaría escribiendo sería un recetario de cremas. Que un día —este día— alguien sostendría entre las manos un libro firmado por ella.

A aquella Patrizia del pasado, con sus miedos y sus anhelos, le doy las gracias. Por no rendirse, por seguir el hilo de una pasión cuando aún no sabía ni que lo era. Por empezar un blog con veintidós años sin más pretensión que compartir lo que salía de su olla, sin imaginar que aquella chispa cotidiana acabaría iluminando caminos más largos. Gracias por la constancia, la intuición y la alegría de cocinar incluso cuando nadie te miraba.

A mi madre, Idoia, que nunca me dijo que la cocina fuera importante, pero lo demostró en cada acto. En sus silencios llenos de intención, en los guisos sin receta, en los gestos heredados de otras mujeres que también cocinaron sin hacerse notar. Me enseñó que el amor no siempre se dice: a veces, se pela, se sofríe y se cuece a fuego lento.

A mi hermano, Andoni, compañero de fogones y de vida. Qué orgullo ver cómo cada uno ha encontrado su voz en este mundo que nos une. Y qué tranquilidad saber que siempre estás ahí.

A Denis, el amor de mi vida. Por ser mi casa incluso antes de tener una, por mirarme con los ojos de quien te quiere bien, reírte de mis ocurrencias y probar todas las cremas sin rechistar. Eres mi naranja entera. Quiero seguir despertando a tu lado cada mañana, que me alegres los días con tus canciones inventadas, divagar durante horas en el mirador mientras desayunamos tostadas, seguir robándote palomitas en el cine. Y que la vida, contigo, siga sabiendo a *nasi goreng*. Me has hecho el regalo más valioso del mundo, porque está en camino mi mejor receta hasta la fecha, y la hemos cocinado juntos.

A Paloma, mi editora paciente, que supo ver este libro antes de que existiera. Gracias por acompañarme en cada corrección, por confiar, por esperar sin apurar.

Y a ti, lector o lectora, gracias también. Gracias por detenerte un momento en un mundo que nos empuja hacia el ruido para abrir este libro, leer una receta, ir al mercado, encender el fuego. Por reivindicar lo cotidiano, lo sencillo, lo casero. Porque hoy, hacerte un puré —uno de verdad, sin prisas— es un gesto revolucionario.

Si has llegado hasta aquí, hasta esta última página, solo puedo decirte una cosa: larga vida a la cocina.